Musen und Sirenen
Ein Essay über das Leben als Spiel

Musen und Sirenen
Ein Essay über das Leben als Spiel

Von Martin Poltrum

PABST SCIENCE PUBLISHERS
Lengerich, Berlin, Bremen, Miami,
Riga, Viernheim, Wien, Zagreb

Bibliografische Information Der Deutschen Bibliothek
Die Deutsche Bibliothek verzeichnet diese Publikation in der Deutschen Nationalbibliografie; detaillierte bibliografische Daten sind im Internet über < http://dnb.ddb.de > abrufbar.

Dr. Martin Poltrum
Anton Proksch Institut Wien
Gräfin Zichy Straße 6, 1230 Wien
m.poltrum@philosophiepraxis.com
www.philosophiepraxis.com

© 2013 Pabst Science Publishers, D-49525 Lengerich
      Konvertierung: Susanne Kemmer
      Printed in the EU by booksfactory.de

ISBN 978-3-89967-838-3

Coverbild: John William Waterhouse, A Meirmaid (1901)

Gerade das ist es ja, das Leben, wenn es schön und glücklich ist, ein Spiel. Natürlich kann man auch alles andere aus ihm machen, eine Pflicht oder einen Krieg oder ein Gefängnis, aber es wird dadurch nicht schöner.

Hermann Hesse

Denn, um es endlich auf einmal herauszusagen, der Mensch spielt nur, wo er in voller Bedeutung des Worts Mensch ist, und er ist nur da ganz Mensch, wo er spielt. Dieser Satz (…) er wird, ich verspreche es Ihnen, das ganze Gebäude der ästhetischen Kunst und der noch schwierigern Lebenskunst tragen.

Friedrich Schiller

Alle heiligen Spiele der Kunst sind nur ferne Nachbildungen von dem unendlichen Spiele der Welt, dem ewig sich selbst bildenden Kunstwerk.

Friedrich Schlegel

So ist es wohl begründet, dass für das hermeneutische Phänomen derselbe Begriff des Spiels gebraucht wird, wie für die Erfahrung des Schönen. (…) Was uns in der Erfahrung des Schönen und im Verstehen des Sinnes der Überlieferung begegnet, hat wirklich etwas von der Erfahrung des Spiels.

Hans-Georg Gadamer

Ich kenne keine andre Art, mit grossen Aufgaben zu verkehren als das S p i e l (…).

Friedrich Nietzsche

Für meine Tochter Hannah Sophia Diotima

Liebe Hannah, als ich vierzig wurde und Du vierzehn, habe ich mir sehr ernsthaft die Frage gestellt, was denn bisher das Wichtigste in meinem Leben war. Die Antwort findest Du in diesem Büchlein. Spiele, Hannah, so oft und so lange es geht, Dein Leben soll Dir spielerisch leicht sein und es möge Dir immer wieder zum Spiel werden. Wenn man wissen möchte, worum es im Leben geht, dann muss man diejenigen befragen, die sich zeit ihres Lebens damit beschäftigt haben, das sind die Philosophen. Oder man befragt jene, die bereits ein ganzes Leben hinter sich haben, die Verstorbenen. Die toten Philosophen, die durch ihre Texte oft lebendiger sind als die Lebenden, sprechen alle von der enormen Bedeutung des Spiels für das Leben. Das möchte ich Dir zeigen. Und noch etwas sollst Du wissen. Du findest in dieser kleinen Schrift auch, warum wir Dich Hannah Sophia Diotima nannten.

Inhalt

Der Ernst des Spiels

Wir beginnen mit Ernst. Ein Witz, der in meiner Pubertät kursierte, ging so: Anna und Otto spielten miteinander. Aus Spiel wurde Ernst. Ernst ist heute 12 Jahre alt. Ich glaube, das ist ein zeitloser Witz. Ähnlich zeitlos ist auch die Verbindung zwischen Spiel und Ernst, die der Philosoph Hans-Georg Gadamer beschrieben hat. Ein Spiel ist nicht nur ein Spiel. Im Gegenteil, ein Spiel funktioniert nur dann, wenn die Teilnehmer das Spiel ernst nehmen. Man stelle sich zur Überprüfung dieser These ein Fußball-, ein Karten- oder ein Spiel eigener Präferenz vor. Wären diese Tätigkeiten wirklich Spiele und würden sie Spaß machen, ohne dass die Teilnehmer das Geschehen ernst nehmen? Wäre es dem Mittelstürmer egal, ob er ein Tor schießt und für den Torwart unbedeutend, den Ball zu halten, wäre es dann ein richtiges Fußballmatch? Kein Mensch würde sich den Streit um das Leder ansehen, kämpften die zweiundzwanzig Spieler nicht, als ginge es um alles. Daraus schließen wir, dass das Spiel aus zwei Momenten besteht. Erstens aus der strengen und ernsthaften Befolgung der Regeln und zweitens aus dem befreienden Genuss der dadurch ermöglichten Spielzüge. Philosophisch und ins Grundsätzliche gewendet, formuliert sich das so: „Das Spielen hat einen eigenen Wesensbezug zum Ernsten. (…) Der Spielende weiß selber, dass das Spiel nur Spiel ist und in einer Welt steht, die durch den Ernst der Zwecke bestimmt wird. Aber (…). Nur dann erfüllt ja Spielen den Zweck, den es hat, wenn der Spielende im Spielen aufgeht. Nicht der aus dem Spiel herausweisende Bezug auf den Ernst, sondern nur der Ernst beim Spiel lässt das Spiel ganz Spiel sein. Wer das Spiel nicht ernst nimmt, ist ein Spielverderber. Die Seinsweise des Spieles lässt nicht zu, dass sich der Spieler zu dem Spiel wie zu einem Gegenstande verhält. Der Spielende weiß wohl, was Spiel ist, und dass, was er tut ‚nur ein Spiel' ist, aber er weiß nicht, was er da ‚weiß'." (H.-G. Gadamer 1965, S. 97 f.)

Damit streift das Spiel etwas, das auch für das Leben gilt. Man weiß, was Leben heißt, wir wissen es, wir leben ja. Gleichzeitig wissen wir aber nicht, was wir da eigentlich wissen, wenn wir wissen, dass wir leben. Hin und wieder entsteht das Gefühl, ganz im Herzen und nah am Puls der Dinge zu sein, und dann gibt es Zeiten, da gewinnt man den Eindruck, eigentlich gar nicht zu leben. Als lebende Tote empfinden wir schmerzlich das Fehlen der Lebendigkeit. Manche gehen dann in den Wald und hoffen auf die Wiederkehr des heiligsten Gutes. Henry David Thoreau war so einer: „Ich zog in den Wald, weil ich den Wunsch hatte, mit Überlegung zu leben, dem eigentlichen, wirklichen Leben näher zu treten, zu sehen, ob ich nicht lernen konnte, was es zu lehren hatte, damit ich nicht, wenn es zum Sterben ginge, einsehen müsste, dass ich nicht gelebt hatte. Ich wollte nicht *das* leben, was nicht Leben war; das Leben ist so kostbar. Auch wollte ich keine Entsagung üben, außer es wurde unumgänglich notwendig. Ich wollte tief leben, alles Mark des Lebens aussaugen, so hart und spartanisch leben, dass alles, was nicht Leben war, in die Flucht geschlagen wurde." (H. D. Thoreau 1854, S. 98) Was für Thoreau der Wald war, ist für andere Berg und See: Therapeutikum gegen Weltschmerz, Dürre und Lebensvertrocknung. Nietzsche zum Beispiel hat seine kostbarsten Gedanken beim Gehen zwischen Gipfel und Gewässer gefunden. Seine Formel der Lebensbejahung, die bedingungslose Liebe zu allem, was war und wird, spricht aus, wie es ist, vor dem Mark des Lebens zu stehen. Zum neuen Jahr wünschte er sich: „Noch lebe ich, noch denke ich: ich muß noch leben, denn ich muß noch denken. (…) nun so will auch ich sagen, was ich mir heute von mir selber wünschte und welcher Gedanke mir dieses Jahr zuerst über das Herz lief, – welcher Gedanke mir Grund, Bürgschaft und Süßigkeit alles weiteren Lebens sein soll! Ich will immer mehr lernen, das Notwendige an den Dingen als das Schöne sehen: – so werde ich einer von denen sein, welche die Dinge schön machen. Amor fati: das sei von nun an meine Liebe! Ich will keinen Krieg gegen das Hässliche führen. Ich will nicht anklagen, ich will nicht einmal die Ankläger anklagen. Wegsehen sei meine einzige Verneinung! Und, alles in allem und großen: ich will irgendwann einmal nur noch ein Jasagender sein!" (F. Nietzsche 1886, S. 181)

Wem dieses Ja gelingt, dem wird das Leben zum Spiel. Ein Spiel, das eine sehr ernste und sehr freie Angelegenheit ist. Man spielt dann die Hauptrolle und sitzt nicht im Zuschauerraum seiner eigenen Existenz. Das Spiel des Lebens und der Lauf der Dinge haben dann unter Umständen einen beispielgebenden Charakter für ein gelungenes Verhältnis zur Welt. Die Ereignisse und geschehenden Begebenheiten versetzen den Amor-fati-Jünger in eine glückliche Selbstvergessenheit und eine fröhliche Hingabe an das Sein der Dinge. Wenn das Leben wirklich lebt, wirkliche Selbststeigerung und Verlebendigung ist, dann ist es Spiel. Das betrifft dann alle Lebensbereiche – von der Liebe bis zum Tod.

Irgendwann mit zwölf, dreizehn oder vierzehn Jahren versickert die Fähigkeit zum Spielen. Die geliebten Puppen, Schlümpfe und Stofftiere sprechen nicht mehr. Das ist ein sehr trauriges Ereignis, das man als Kind zum Glück kaum bemerkt, maximal mit einem kleinen Stich in der Seele wird es zur Kenntnis genommen: Waldi und Goldi schweigen. Kein Geist mehr in ihnen, nur noch stummes Zeug. Als Teenager ist das nicht schlimm, viele andere Dinge sprechen und sind aufregend. Die Zeit der Jugend, die sich zwischen der Abhängigkeit des Kindes und der Autonomie des Erwachsenen erstreckt, ist nicht nur die aufregende Zeit des ersten Mals: Der erste Kuss, der erste Discobesuch, die erste Zigarette. Diese Phase des Übergangs zwischen sexueller Unreife und Reife, zwischen Ausbildung der geistigen Fähigkeiten und ihrer Entfaltung in der Arbeitswelt, zwischen Sturm und Drang ist auch eine Phase, in der enorm viel zu bewältigen ist. Man spricht nicht umsonst von diesem Abschnitt als der „Rushhour des Lebens". In ein relativ kurzes Zeitfenster fallen die erste Partnerwahl, die erste Ausbildung und die erste berufliche Integration. Da bleibt keine Zeit, dem Schweigen der Puppen Aufmerksamkeit zu schenken. Das ist auch gut so. Dennoch verändert sich von dieser Zeit an das Spiel. Jetzt wird es ernster, geht es doch darum, sich in der Welt einzurichten. Das Kinderspiel ist anders als das Spiel der Erwachsenen, es hat einen anderen Ernst. Nicht, dass das Spiel des Kindes keinen Ernst hat, aber so wie sich das Spiel ändert, so ändert sich auch der Ernst. Wenn die Mutter das Kind ruft, es möge doch endlich zum Essen kommen und könne später ja wieder bei den Puppen verweilen, dann löst sich das Kind darum so schwer, weil es das Tun als Homo ludens so wichtig nimmt, so ernst wie der Erwachsene seine Arbeit, die er vor dem Essen noch erledigen möchte oder deretwegen er die Speise hinauszögert. Für das Kind ist alles Spiel, weil seine Welt und Wirklichkeit Spiel ist. Der Erwachsene unterscheidet zwischen Spiel und Wirklichkeit, wie Sigmund Freud treffend bemerkt hat. „Der Gegensatz zu Spiel ist nicht Ernst, sondern – Wirklichkeit." (S. Freud 1908, S. 171) Es gibt allerdings eine Spezies Erwachsener, die sich und denen die Gesellschaft erlaubt, aus ihrem spielenden Tun einen ernsthaften Beruf zu machen und die unselige Trennung von Wirklichkeit und Spiel zur Versöhnung zu bringen: Künstler und Dichter. Im Grunde ist bereits das Kind ein kleiner Dichter. „Vielleicht dürfen wir sagen: Jedes spielende Kind benimmt sich wie ein Dichter, indem es sich eine eigene Welt erschafft oder, richtiger gesagt, die Dinge seiner Welt in eine neue, ihm gefällige Ordnung versetzt. Es wäre dann unrecht zu meinen, es nähme diese Welt nicht ernst; im Gegenteil, es nimmt sein Spiel sehr ernst, (…)." (ebenda). Der Unterschied zwischen Kind und Dichter, so könnten wir argumentieren, besteht lediglich im Alter. Damit hätten wir es uns leicht gemacht. Aber worin besteht das eigentlich Trennende? Diese Frage müssen wir mit Freud ganz langsam angehen. Zunächst steht nur einmal Folgendes fest: „Der Heranwachsende hört also auf zu spielen, er verzichtet scheinbar auf den Lustgewinn, den er aus dem Spiel bezog." (S. Freud 1908, S. 172) Dieser Verzicht ist aber nur scheinbar. Das Spiel lebt im Erwachsenen weiter, unterirdisch, verborgen, umgestaltet, trägt einen anderen Namen, tarnt und verbirgt sich. Als was tritt es zutage? Mit welcher Maske spricht es? Alles hängt an der von Freud eingeführten Unterscheidung zwischen Wirklichkeit und Spiel. Für das Kind ist ja alles Spiel, die Wirklichkeit, in der es lebt, ist die Wirklichkeit des Spiels. Der Erwachsene lebt in der Welt der Zweckrationalität, der Pflicht, der Verantwortung und des Ernstes. In kurzen Augenblicken versöhnen sich jedoch auch ihm Spiel und Wirklichkeit zur Einheit. Freud nennt den Humor als ein Moment der Versöhnung. „Verweilen wir einer anderen Beziehung wegen noch einen Augenblick bei dem Gegensatze von Wirklichkeit und Spiel! Wenn das Kind herangewachsen ist und aufgehört hat zu spielen, wenn es sich durch Jahrzehnte seelisch bemüht hat, die Wirklichkeiten des Lebens mit dem erforderlichen Ernste zu erfassen, so kann es eines Tages in eine seelische Disposition geraten, welche den Gegensatz zwischen Spiel und Wirklichkeit wieder aufhebt." (ebenda) Humor ist die seelische Disposition, in welcher sich der Erwachsene das kindische Tun wieder erlaubt. Eine andere und nachhaltigere Erlaubnis zum Spiel ist das Fantasieren, das sich der durchschnittliche Mensch im Tagtraum erlaubt und das dem Dichter zur Passion und Profession wird. Freud geht sogar so weit, dass er behauptet, „dass die Dichtung wie der Tagtraum Fortsetzung und Ersatz des einstigen kindlichen Spielens ist." (S. Freud 1908, S. 178) Die Dichter haben es also geschafft, sich das Spiel zu bewahren, und wenn es an einer anderen Stelle heißt, dass wir ‚wie die Kinder werden sollen‘ oder, dass ‚die Kinder an die Macht‘ gehören, dann heißt das übersetzt, wir sollen alle Dichter werden. Eine Notwendigkeit, die Nietzsche in seiner Hellsichtigkeit klar sah. „Wir aber wollen die Dichter unseres Lebens sein, und im Kleinsten und Alltäglichsten zuerst!" (F. Nietzsche 1886, S. 199) Das ist die Herausforderung. Nicht Büchnerpreisträger, nicht Bachmannpreisgewinner, nicht den Goethepreis einheimsen, wie Freud es tat, sondern Dichter sein im „Kleinsten und Alltäglichsten". Allerdings, und das scheint ein großes Hemmnis zu sein, ist der Alltag von den meisten so eingerichtet, dass er eher fantasienarkotische Wirkungen hat. Darum brauchen wir die Dichter, die für sich die Fantasie als Existenznotwendigkeit entdeckt haben und uns daran teilhaben lassen. Auch wir, um es mit Schopenhauer zu sagen, die gewöhnliche „Fabrik Ware Mensch", dürfen uns zeitweilig den inneren Bildern, Tänzen und bunt-nackten Erscheinungen mit einem Jauchzen überlassen. Wir lieben die Dichter, weil sie uns durch ihr Tun zeigen, es geht auch anders. „Wenn aber der Dichter uns seine Spiele vorspielt oder uns das erzählt, was wir für seine persönlichen Tagträume zu erklären geneigt sind, so empfinden wir hohe, wahrscheinlich aus vielen Quellen zusammenfließende Lust." (S. Freud 1908, S. 179) Das sagt Freud, von dem erzählt wird, dass Wagner-Jauregg – der einzige österreichische Psychiater, der auch Medizinnobelpreisträger ist, den er für die Entdeckung der sogenannten Malariatherapie erhielt, mit der er vor der Antibiotika-Ära die Neurosyphilis erfolgreich behandelte –, als ihm Freud zum Medizinnobelpreis gratulierte, zum Gründer der Psychoanalyse gesagt haben soll, er werde sicher auch bald den Nobelpreis bekommen, und Freud, der sich ob der Anerkennung riesig geehrt fühlte, dann vom Malariatherapeuten aber ergänzend zu verstehen bekam, den Nobelpreis für Literatur. Sigmund Freud also auch ein Dichter. Indem Freud in seinem kleinen Text „Der Dichter und das Phantasieren" die Dichter lobt, erhöht er also auch sich selbst, was vom Erfinder der Psychoanalyse ja nicht anders zu erwarten ist. Wer die Hintertreppe der Seele kennt, weiß sich selbst zu schmeicheln, indem er anderen schmeichelt. „Ich bin der Meinung, daß alle ästhetische Lust, die uns der Dichter verschafft, (…) und daß der eigentliche Genuß des Dichterwerks aus der Befreiung von Spannungen in unserer Seele hervorgeht. Vielleicht trägt es sogar zu diesem Erfolge nicht wenig bei, daß uns der Dichter in den Stand setzt, unsere eigenen Phantasien nunmehr ohne jeden Vorwurf und ohne Schämen zu genießen." (ebenda) Der Dichter als Befreier und Entspanner. Das ist im Übrigen auch das Geschäft der analytischen Psychotherapie. Indem in der Analyse dem „freien Spiel der Assoziationen" auf der Seite des Patienten eine „gleichschwebende Aufmerksamkeit" des Therapeuten antwortet, fantasieren Patient und Therapeut und befreien, wie es oben heißt, die „Seele von Spannungen", und die Fantasie darf ohne „Scham und Vorwurf" arbeiten. Man darf also das wieder, was man als Kind immer schon durfte – spielen.

Über das Verhältnis von Ernst und Spiel ist viel gesagt worden. Festhalten lässt sich, dass viele Denker und Dichter darin übereinstimmen, dass es eine Balance zwischen Tiefsinn und Leichtsinn, zwischen Ernst und Spiel braucht. Goethe, der bei vielen Positionen den Mittelweg empfiehlt und das Maß betont, ohne jedoch mittelmäßig zu werden, meint, dass der Ausgleich zwischen Ernst und Spiel elementar sei. „Das Menschenleben ist aus Ernst und Spiel zusammengesetzt, und der Weiseste und Glücklichste verdient nur derjenige genannt zu werden, der sich zwischen beiden im Gleichgewicht zu bewegen versteht." (J. W. Goethe 1991, S. 9) Wenn Weisheit etwas mit Philosophie zu tun hat, und die Sophia ist ja die Weisheit und der Philosoph der Freund und Liebhaber der Weisheit, dann geht es darum, das Spielerische zu kultivieren. Thomas von Aquin geht sogar so weit, dass er die nur ernsten Zeitgenossen als untugendhaft bezeichnet. Nur ernst zu sein ist unethisch. „Also ist der bloße Ernste in dem Sinne untugendlich, als er das Spielen gänzlich verachtet, das doch so notwendig ist für das humane Leben wie das Ausruhen." (Thomas 2008, S. 8) Wirklich reif für das Leben und im Leben angekommen ist man dann, und das ist Nietzsches Beitrag zum Verhältnis von Spiel und Ernst, wenn man als Erwachsener den verloren gegangenen Spielernst der Kinder wiederfindet, wobei Nietzsche als alter Patriarch und Frauenmissversteher – was wir ihm verzeihen – von der Reife des Mannes spricht und natürlich auch die Frauen mitgemeint sind. Zumindest wir machen hier natürlich keine Geschlechterdifferenz. „Reife des Mannes, (reif sein, Ergänzung von mir), das heißt, den Ernst wieder gefunden haben, den man als Kind hatte – beim Spiel." (F. Nietzsche

1977, S. 92) Jetzt ist es natürlich so, dass sich das Phänomen des Spiels nicht nur bei Menschen findet, auch Tiere spielen. Man braucht nur junge Hunde, Katzen, Löwen oder Affen zu beobachten. Der Unterschied des menschlichen und tierischen Spielens liegt wahrscheinlich im Ernst. Da jedes Spiel Regeln braucht und ohne das Befolgen von Regeln das Spiel nicht funktioniert, gibt es im Spiel, durch die Sogwirkung des im Spiel angelegten Ernstes und die Befolgung der Regeln, einen Zug ins zu Ernste, in die Übertreibung des Ernstes. Das unterscheidet das humane vom animalischen Spiel. Man denke an das Fußballspiel, an den Streit der Spieler, an die Schlägereien bei den Zuschauern, man denke an die Beschimpfung der Mitspieler beim Kartenspiel, wenn die falsch geworfene Karte den Gesamtsieg gefährdet. Wenn man über Ernst und Spiel meditiert, dann muss man Johan Huizingas „Homo Ludens" (1938) erwähnen, in dem die These entwickelt wird, dass alle Kultur ihren Ursprung im Ernst des Spiels hat. Blickt man in die Vergangenheit, sieht man, dass alle Kulturleistungen, Philosophie, Wissenschaft, Religion, Recht, Kunst, Medizin, sogar der Krieg, dieses Zeichen der Barbarei, ihren Ursprung im Spiel haben. Alles war am Beginn unserer Kultur verspielt und hat etwas vom Geist der Freiheit und der Luft des Spiels geatmet. Im Kampf der Gladiatoren, im archaischen Krieg waren Ritual, Zeremoniell und verspielte Ornamentik nicht wegzudenken, es ging nie um die schnellste und effizienteste Tötungsart, sondern sogar in Anbetracht des möglicherweise letzten Kampfes und angesichts des Todes hatten immer auch Spielelemente Bedeutung. Das Leben und die Welt insgesamt wurden in vergangenen Zeiten ja als Spiel gedeutet. Wenn alles Spiel ist, dann ist auch die letzte Szene Schauspiel. Wer will schon im letzten Kampf eine schlechte Figur und eine verkrampfte Nummer abgeben? In der Philosophie, im sophistischen Feilschen und neckend liebenden Streit, waren Sprach- und Wortspiele gleich wichtig wie geschliffene Argumente. Ohne Inspiration und geistreiche Einfälle keine Wissenschaft, ohne spielerische Leichtigkeit, Intuition und fließenden

Ideenzustrom keine wesentlichen Entdeckungen. Ohne Kuss und Gedankenzuspiel durch die Musen keine Dichtung, keine Kunst. Religion ohne Liturgie, verspielte Rituale, Tänze und Gesänge lockt keine Götter hinter dem Ofen hervor, das war der Vergangenheit klar. Ohne Zauber, Schamanismus und Wortmagie keine Medizin und Heilung. Die Kultur, alle Kultur ist aus dem Spiel entstanden und der Ernst der kulturstiftenden Spiele war der „heilige Ernst", so Huizinga. Aber es gibt noch eine zweite fundamentale These im „Homo Ludens". Robert Pfaller hat diese zweite These und ihr Verhältnis zur ersten beleuchtet und wichtige Einsichten gewonnen. Am Anfang war das Spiel, das Spiel hat alle Kultur hervorgebracht, aber, und das ist die zweite These: Im Laufe der Kultur und ihrer Geschichte zieht sich die Spieldimension immer mehr aus den jeweils ausdifferenzierten kulturellen Teilbereichen zurück, und die Dimension des Ernstes, die immer schon im Spiel notwendig und angelegt ist, kommt immer mehr zum Vorschein. Die Kultur, die aus dem Lustprinzip entsprungen ist, beginnt im Laufe ihrer Entfaltung zu erstarren und ein zwangsneurotisches Realitätsprinzip tritt beherrschend an die Stelle der Spieldimension der Kultur. Philosophie, Wissenschaft, Recht, Medizin und, und, und werden zu anankastischen Veranstaltungen und das Leben insgesamt verliert dadurch an Lebendigkeit. Die Phänomene werden verwaltet und singen nicht mehr. Pfaller stellt sich nun die Frage, warum das so sei. „Warum bringt die Kultur den heiligen Ernst des Spiels, aus dem sie hervorgegangen ist, zum Verschwinden?" (R. Pfaller 2002, S. 102, vgl. auch R. Pfaller 2011) Im ambivalenten Begriff des „heiligen Ernsts" findet er die Erklärung. Das Spiel, argumentiert Pfaller mit Huizinga, evoziert derart große Affektintensitäten und nimmt die Spieler derart in Beschlag, dass die Distanz zum Spiel im Spiel verloren geht. Das Spiel, weil es ernst ist und alles fordert, ist seiner Tendenz nach immer schon auf Spielverlust und Spielvergessenheit und damit auf Lustvergessenheit angelegt. Man vergießt die Tränen im Kino nicht, weil man weiß, dass das ein Film, nur ein Film ist, man weint gerade darum, weil man vergisst, weswegen man weint. Man weint nicht, weil im Film eine Liebe zerbrochen ist, sondern weil die eigene Liebe zerbrochen ist und der Schmerz, der durch die Filmhelden zum Ausdruck gebracht wird, der eigene Schmerz ist, der aufbricht. Katharsis war bei Aristoteles der Name für diese Zusammenhänge. Die Ekstase und der berauschte Jubel manch eines Torschützen, der Luftsprung, der Kuss des Mitspielers, der den entscheidenden Pass gegeben hat, der Torschrei, all diese Dinge zeigen Affektgrößen, die im Alltagsleben ihresgleichen suchen. Weil im Spiel psychische Mächte und Intensitäten liegen, die extrem binden und fesseln, weil im Spiel ein heiliger Ernst liegt, ist die Gefahr sehr groß, dass das Spiel todernst genommen wird. Es besteht die Gefahr, dass das Spiel den Spielcharakter verliert und der Sog des Ernstes so groß wird, dass ein Zwang, Siegeszwang, Perfektionismus und letztlich sogar eine Sucht, Erfolgssucht, Herrschsucht, Geltungssucht, bis hin zur Spielsucht entsteht. Es ist also möglich, vom Wesen des Spiels her einige psychopathologische Phänomene zu verstehen. „Denn nicht nur das Spiel selbst erweist sich als ein massiv und regelmäßig (und keineswegs nur in den pathologischen Formen der Spielsucht) mit Zwang verbundenes Phänomen. Vielmehr muß von diesem Befund ausgehend umgekehrt die Frage gestellt werden, ob nicht sämtliche Phänomene des Zwanges und der Sucht sich ausgehend vom Spiel begreifen lassen. (…) Huizingas Begriff des ‚heiligen Ernsts' würde somit eine Gesamtformel jener psychischen Verfassungen bilden, die in Zwangsneurose, Sucht, perverser Fixierung sowie in deren kaum abgemilderten, aber gesellschaftlich anerkannten Normalgestalten (wie z. B. der manchmal tödlichen Raserei der Fans bei einem Fußballmatch) am Werk sind." (R. Pfaller 2002, S. 137) Bei der Sucht ist dieser Zusammenhang wahrscheinlich am offensichtlichsten. Nicht nur die Spielsucht, jede Sucht hat mit Rauscherfahrung und damit mit Spielerfahrung zu tun. Bei der Glücksspielsucht ist das rauschartige Erlebnis, der Kick, zu gewinnen oder zu verlieren, dasjenige, das psychische Intensitäten freisetzt. Aber auch im substanzinduzierten Rausch hat der Spielcharakter der Erlebnisse eine wichtige Funktion. Ohne diese Dimension kann es nie zur Sucht kommen. Wer beim ersten THC-Konsum, beim ersten Joint nicht ganz besondere Erlebnisse hat, wer nicht lachen muss und durch die verzerrte Wahrnehmung nicht witzige Dinge sieht und erlebt, der hat keinen Grund, diese Erfahrung zu wiederholen. Wer das Spielerische beim Rausch nicht erlebt, warum soll er sich berauschen? Wem schon beim ersten Tropfen Alkohol schlecht und übel wird, der trinkt nicht. Wer angenehm relaxt und enthemmt wird, wer spaßig und durch den Rausch spielerisch leicht wird, der möchte diese Erfahrung wiederholen. Am Anfang jeder Sucht steht das Spiel. Das Spiel wird in der Sucht ernst, todernst und hört auf, Spiel zu sein. Der Kontrollverlust, eines der Hauptkriterien der Suchterkrankung, ist immer auch Spielverlust. Damit ist es aber auch folgerichtig, dass die Psychotherapie der Sucht den Spielcharakter des Lebens zurückgewinnen muss, wie im Kapitel Spielsucht u. a. ausgeführt wird. Psychotherapie insgesamt muss etwas Spielerisches haben, sonst wirkt und hilft sie nicht. Damit das Verhältnis von Spiel und Ernst im richtigen Maß steht, nicht zu viel Spiel und nicht zu viel Ernst, muss man vor allem mit dem Phänomen spielen, das von alters her dazu anstiftet, die richtige Balance zu halten. Der Mensch soll spielen, heißt es bei Schiller, aber um die Balance zwischen Spiel und Ernst zu halten, soll er vor allem mit der Schönheit spielen, wie es weiter heißt, denn die Schönheit ist der Garant für einen harmonischen Ausgleich zwischen den Extremen des Lebens. Das ist so, war so und wird immer so sein.

Lustspiel: Das Spiel mit der Schönheit

> *„Und an dieser Stelle des Lebens, wenn*
> *irgendwo, lieber Sokrates, ist das Leben*
> *dem Menschen lebenswert, wo er das*
> *Schöne selbst schaut." Diotima*
> *(Platon, Symposion)*

Eines der wichtigsten Spiele ist das Spiel mit der Schönheit. Manche behaupten sogar, dass dieses Spiel den Menschen erst zum Menschen und dass es ihn human, menschlich mache. Wer die Schönheit entdeckt hat, der wird des Menschen Freund, weil er sich beschenkt fühlt und das Gegebene an andere weitergeben möchte. Wen die Welt grüßt und küsst, für wen sie singt und lacht, der ist versöhnt. Darum soll man vor allem mit der Schönheit spielen. „(…) der Mensch soll mit der Schönheit nur spielen, und er soll nur mit der Schönheit spielen. Denn, um es endlich auf einmal herauszusagen, der Mensch spielt nur, wo er in voller Bedeutung des Worts Mensch ist, und er ist nur da ganz Mensch, wo er spielt. Dieser Satz (…), er wird, ich verspreche es Ihnen, das ganze Gebäude der ästhetischen Kunst und der noch schwierigern Lebenskunst tragen." (F. Schiller 1795, S. 63) Was passiert dem Menschen, wenn ihm das Schöne erscheint, wenn er in den Bann der ästhetischen Kontemplation und Erfahrung gezogen wird? Darauf gibt es sehr viele Antworten, die je nach historischem Kontext anders ausgefallen sind. Eine Welt, in der es Meerjungfrauen, Elfen und Feen gibt, hat eine andere Erklärung für das Beglückende der Schönheitserfahrung als ein Weltverständnis, in dem sich der Mensch als Mittelpunkt des Seins erlebt und darum kein Platz mehr für die Transzendenz und Lebendigkeit der außermenschlichen Wirklichkeit ist. Was macht das Schöne mit den Menschen? Welche Macht hat es? Diese Antwort hängt vom Bezugsrahmen, der Deutung der Zeit und des Weltgeschehens, ab. Schiller z. B. stellte der Zeit, in der er lebte, folgende Diagnose: Die Aufklärung mit ihrem Rationalismus und der

Forderung nach Pflichterfüllung hat zwei Extremvarianten von Menschen hervorgebracht. Den einen, der die Vernunftbetonung so ernst nimmt, dass er ständig nach der Pflicht ruft, der das Leben durchrationalisiert und damit erstickt, der auf die Einhaltung der Form bedachte und dem „Formtrieb" gehorchende Buchhalter und Verwalter des Seins. Schiller nennt ihn den Barbaren – ein Begriff, der heute einen anderen Sinn hat –, dessen Leben aber im tiefsten Grunde lahmt und „Erschlaffung" ist. Das andere Zerrbild ist der Wilde, der sich um nichts kümmert, als um bloßen Lustgewinn, ohne Verantwortungsbewusstsein dem „sinnlichen Trieb" folgt und an Ungehobeltheit, „Rohigkeit" zu viel hat. Verklemmter Geistmensch auf der einen, naturbelassener Bauer oder Prolet auf der anderen Seite. Der „Spieltrieb" und das ästhetische Tun des Homo ludens, der Tango des Schönen vermag die zwei verzerrten und verfehlten Formen menschlichen Existierens zu korrigieren. Dem Wilden fehlt der Ernst, weil er nur mit dem Sinnlichen und der Lust zu tun haben möchte, und dem Barbaren fehlt das Spiel, weil er zwanghaft am Vernunft- und Realitätsprinzip festhält. Das Spiel mit der Schönheit versöhnt und harmonisiert beide Zerrformen. „Sie sind also mit mir darin einig – sagt Schiller – und durch den Inhalt meiner vorigen Briefe überzeugt, daß sich der Mensch auf zwei entgegengesetzten Wegen von seiner Bestimmung entfernen könne, dass unser Zeitalter wirklich auf beiden Abwegen wandle und hier der Rohigkeit, dort der Erschlaffung und Verkehrtheit zum Raub geworden sei. Von dieser doppelten Verirrung soll es durch die Schönheit zurückgeführt werden. Wie kann aber die schöne Kultur beiden entgegengesetzten Gebrechen zugleich begegnen und zwei widersprechende Eigenschaften in sich vereinigen? Kann sie in dem Wilden die Natur in Fesseln legen und in dem Barbaren dieselbe in Freiheit setzen?" (F. Schiller 1795, S. 36) Ja, sie kann. Aber wie und warum? Diese Antwort ist nicht leicht. Sie bedarf einer Analyse dessen, was das Schöne ist. Für Schiller, das steht jedenfalls fest, ist die „Kunst eine Tochter der Freiheit" und durch das Erlebnis des Schönen gelangt man zur Erfahrung dieser Freiheit. Das Schöne ist Analogon zur Freiheit und vermag als „Freiheitsähnlichkeit" die Wilden und Barbaren von ihrer Fehlhaltung zu befreien. Der Wilde bekommt Distanz zur Tyrannei der rohen Sinnlichkeit, welcher er ja erliegt und der Barbar befreit sich vom Zwangsgedanken der Pflicht. Wie schafft das Ästhetische diese Befreiung? Das Ereignis des Schönen ist voll von Leichtigkeit, da ist nichts gezwungen, nichts gepresst und festgedrückt, da ist alles leicht, schwebend, gleitend, tanzend und elegant. Das Schöne ist schön, weil es frei und ungezwungen ist, weil es in Freiheit zur Erscheinung gelangt. Immer dann, wenn etwas so ist und sein kann, wie es ist, dann ist es schön. Am Beispiel von Pferd, Krug, Kleidung und Linie erläutert Schiller, wie Freiheit und Schönheit zusammengehen. Wir nennen ein Pferd oder den Anblick eines Pferdes dann schön, wenn das Tier voll in seiner Blüte steht, wenn aus seinen Bewegungen hervorspringt, dass es jede Faser seiner Muskeln beherrscht und die in ihm angelegte Natur frei zur Entfaltung bringen kann. Ein geschundener Ackergaul hingegen, dem die Last und Mühsaal seines Daseins eingeschrieben ist, erschreckt uns mehr und zieht die Empfindung des Mitleids nach sich, er rührt uns, aber nicht als Schönes. (vgl. R. Safranski 2004, S. 358) Ähnlich ist es mit den Gebrauchsdingen, auch hier spielt das Freie und Ungezwungene eine wichtige Rolle. „Schön ist ein Gefäß", schreibt Schiller, „wenn es, ohne seinem Begriff zu widersprechen, einem freien Spiel der Natur gleichsieht. Die Handhabe an einem Gefäß ist bloß des Gebrauchs wegen, also durch einen Begriff, da; soll aber das Gefäß schön sein, so muß diese Handhabe so ungezwungen und freiwillig daraus hervorspringen, dass man ihre Bestimmung vergisst. Ginge sie aber in einem rechten Winkel ab, verengte sich der weite Bauch plötzlich zu einem engen Hals und dergleichen, so würde diese abrupte Veränderung der Richtung allen Schein von Freiwilligkeit zerstören, und die Autonomie der Erscheinung würde verschwinden." (F. Schiller 2004, S. 420) Hat etwas den Charakter der Freiwilligkeit und Autonomie, bestimmt es und verfügt es spontan und frei über sich selbst, ist es leicht und nicht gezwungen, dann ist es schön und frei. Das Schöne ist die Freiheit und die Freiheit ist das Schöne. „Schönheit aber ist der einzige mögliche Ausdruck der Freiheit in der Erscheinung." (F. Schiller 1795, S. 97) Das Schöne ist genau aus diesem Grund Therapeutikum für den Wilden und den Barbaren, denn beide sind ja auf ihre Art unfrei. Der Wilde jagt dem Sinnlichen nach und ist vom Lustprinzip getrieben, der Barbar ist vernunftfixiert. Schiller, der Arzt war, empfiehlt das Schöne als Medikament. Heute würde man sagen, in der Schau der Schönheit lernen beide das Loslassen. Der Wilde lässt das rohe Sinnliche ziehen und der Barbar die starre Vernunft. Im Spiel mit der Freiheit der Schönheit werden Fixierungen aufgebrochen. Das Schöne ist nämlich beides: Sinnlichkeit und Geist. Es entzündet die Sinne und begeistert für das Höhere im Menschen, ohne dabei zu verkrampfen und die Lust zu vergessen. Schiller entwirft, erschüttert und inspiriert durch die Ereignisse der Französischen Revolution, in der aus Freiheit, Gleichheit und Brüderlichkeit dann ja bekanntlich eine blutige Angelegenheit wurde, sogar die Idee eines „ästhetischen Staates". Um das Problem der Freiheit im Staate zu lösen, müsse man den Weg über die Ästhetik nehmen, „weil es die Schönheit ist, durch welche man zur Freiheit wandert." (F. Schiller 1795, S. 7) Zur unblutigen Verwirklichung der Freiheit, versteht sich, das muss im Kontext der Revolution festgehalten werden. Ein ganzes Programm zur „ästhetischen Erziehung des Menschen", eine auf ästhetischen Prämissen aufgebaute Befreiungspädagogik wird bei Schiller aus dieser Idee abgeleitet.

Nüchterner, pathosärmer, ohne feierliche Ergriffenheit und Rausch, aber durchaus schon den Aspekt der Freiheit innerhalb der ästhetischen Erfahrung betonend, klingt das alles bei Kant, von dem Schillers Ästhetik wesentlich lebt. Von Kant lernt Schiller, dass es unter anderem zwei wesentliche Weisen gibt, wie der „Verstand" und die „Einbildungskraft" miteinander interagieren. Im einen Fall kommt es dabei zur strengen begrifflichen Erkenntnis und im anderen Fall zur

Erfahrung der Kunst. Folgen Einbildungskraft und Verstand strengen Regeln, dann wird das gesehene und erkannte Gebilde so geformt und in den Begriff eingebildet, dass es exakt in einen einzigen Begriff passt und auf einen letzten Begriff gebracht werden kann. Kant hat ein ganzes System von Erkenntnisbegriffen ausgearbeitet und aufgezeigt, wie das Erscheinende in Raum und Zeit angeschaut und moduliert werden muss, um auf diesen oder jenen Begriff zu passen. Nur ein Beispiel: Bei einer Kausalitätsbeziehung, immer dann, wenn wir den Begriff der Kausalität verwenden, dann ist das erscheinende Gebilde von der Einbildungskraft so schematisiert, dass auf das eine jederzeit das andere folgt. Kant beschreibt das Schema der Kausalität so: „Das Schema der Ursache und der Kausalität eines Dinges überhaupt ist das Reale, worauf, wenn es nach Belieben gesetzt wird, jederzeit etwas anderes folgt." (I. Kant 1781, S. 192) Den Begriff oder das Schema des Realen verwenden wir nach Kant, wenn es ein Ewas gibt, das ein Sein in der Zeit hat. „Realität ist im reinen Verstandesbegriffe das, was einer Empfindung überhaupt korrespondiert; dasjenige also, dessen Begriff an sich selbst ein Sein (in der Zeit) anzeigt." (I. Kant 1781, S. 191). Jeder Begriff hat etwas, das er begreift, und damit der Begriff und das Begriffene aufeinander passen, braucht es die Modulation der Einbildungskraft, denn die begriffene Materie ist gänzlich anderer Art als das Geistige des Begriffs. Das Gleitmittel zwischen Begriff und Begriffenem ist bei Kant die Einbildungskraft. Das Begriffene wird so moduliert, dass es in den Begriff passt. Bei strengen wissenschaftlichen Erkenntnissen ist es so, dass die Einbildungskraft nach vorgeschriebenen Regeln arbeitet. Wenn etwas kein „Sein (in der Zeit) anzeigt" oder auf das eine nicht „jederzeit etwas anderes folgt", dann passen die Begriffe der Realität und Kausalität nicht. Erkenntnis ist das strenge Zusammenspiel zwischen „Einbildungskraft und Verstand". In der ästhetischen Erfahrung hingegen ist das Verhältnis zwischen „Einbildungskraft und Verstand" kein strenges, sondern ein „freies Spiel". „Die Erkenntniskräfte, die durch diese Vorstellung ins

Spiel gesetzt werden, sind hierbei in einem freien Spiel, weil kein bestimmter Begriff sie auf eine besondere Erkenntnisregel einschränkt." (I. Kant 1790, S. 132) Jetzt ist es natürlich nicht so, dass die ästhetische Vorstellung eine fade, begriffslose und dumpfe Sache ist, im Gegenteil, ästhetische Objekte wirken höchst belebend und geben dem Betrachter sehr viel zu denken, zumindest bei gelungenen Kunstwerken ist das der Fall. Es ist nur so, dass diese vielen Begriffe, welche die schöne und inspirierende Vorstellung hervorbringt, nicht in einem letzten Begriff versammelt werden können, welcher das Gesehene, Gehörte oder Erdachte dann endgültig in die Einheit eines letzten Begriffs oder auf den Punkt bringen kann. Das ist aber durchaus kein Makel. Die ästhetische Vorstellung lebt ja gerade von der Belebung und Inspiration der Gemütskräfte und dem lustvollen, unabschließbaren Spiel zwischen Einbildungskraft und Verstand. Es gibt Seinsbereiche, da wollen wir Einheit, Eindeutigkeit und Merkmalsklarheit, und dann gibt es aber auch Wirklichkeitssphären, da ist diese Forderung unzulänglich und die große Katastrophe schlechthin. Bei naturwissenschaftlichen Objekten wollen wir Gewissheit und ja nicht, dass das vorliegende Etwas „so und auch so" sein könnte. Ist das, was ästhetische Objekte zu verstehen geben, „nur so und nicht auch anders", dann handelt es sich um Nekrosen, um totes Gewebe, Aktenordner oder sonst etwas, aber nicht um ästhetische Gegenstände. Eine gezackte Linie ist im einen Fall Teil eines gezeichneten Kunstwerks, im anderen Fall die Linie eines Elektrokardiogramms. Im Falle der Kunst darf und soll die Line zu mehreren Begriffen und Assoziationen inspirieren, im Falle eines internistischen Befunds möchten die wenigsten, dass ihr Kardiologe darin einen Herzinfarkt und auch keinen Herzinfarkt erkennt. Dort Spiel und hier strenge Regel zwischen Einbildungskraft und Verstand. Wenn die Einbildungskraft mit dem Verstand spielt, zum richtigen Zeitpunkt wohlgemerkt, dann ist das beglückend, verlebendigend und die Bereicherung des Lebens schlechthin. Das Schöne bewirkt dann „directe ein Gefühl der Beförderung des Lebens", meint

Kant. (I. Kant 1790, S. 165) Der Genuss und der Lustgewinn aus dem Spiel der Einbildungskraft vitalisiert, macht frei und froh. Nietzsche wird dann später sagen: „Die Kunst ist das große Stimulans zum Leben." (F. Nietzsche 1888, S. 83) Das Spiel mit der Schönheit leistet derart verschiedene Dinge, dafür bürgt die Tradition der Philosophischen Ästhetik, aus der wir ein paar Spuren aufnehmen, dass sich eines mit ganz großer Sicherheit sagen lässt: Die unterschiedlichen Überlegungen der großen Philosophen auf den kleinsten gemeinsamen Nenner gebracht, können wir als fundamentum inconcussum festhalten: Das Schöne ist das Antidepressivum und Weckamin des Seins. Wir werden es zeigen. Verweilen wir zuerst aber noch ein klein wenig bei Kant. In seinem komplizierten ästhetischen System gibt es Momente, in denen er das Schöne vom Guten trennt, denn im ersten Teil der „Kritik der Urteilskraft", in der er unter anderem das Geschmacksurteil untersucht, reizt ihn die Idee, das Ästhetische in seiner Reinheit zu fassen, gereinigt vom Schönen, das auch angenehm ist, vom Schönen, das auch das Nützliche ist, vom Schönen, das befreit ist von rein subjektiven und objektiven Zwecken. Kant interessiert sich für die Urteilsstruktur, für das Urteil: „das ist schön", welches wir hin und wieder prädizieren. Wie ist dieses Urteil von anderen Urteilen zu unterscheiden, ist zunächst seine Frage. Später, nachdem er das reine Schöne seziert und vom Guten unterschieden hat, gesteht er jedoch wieder ein, dass das Schöne natürlich auch eine humanistische Dimension habe. „Nun sage ich: das Schöne ist das Symbol des Sittlichguten; (…)." (I. Kant 1790, S. 297). In einem Symbol, das meint zumindest der alte Symbolbegriff, fallen zwei Dinge in eins. Damit klingt hier eine sehr alte Vorstellung, die Zentralvorstellung der europäischen Philosophie durch: Das Spiel mit der Schönheit ist auch ein Spiel mit dem Guten und ein Spiel, in dem die Wahrheit prominent vertreten ist. Mit dieser Überlegung, die für Jahrhunderte Geltung erlangte, hat Platon die Bühne des Denkens betreten. Ein Auftritt, der so wirkungsvoll war, dass sich manch ein Beobachter, wie z. B. der britische Philosoph und Mathematiker Alfred North Whitehead, zu der Äußerung hinreißen ließ, dass die ganze „abendländische Philosophie" nur aus „Fußnoten zu Platon" bestünde. Bei Platon hat die philosophische Besinnung auf das Wesen des Schönen nichts mit dem Nachdenken über die Kunst zu tun. Im Gegenteil, von der Kunst hielt Platon ja bekanntlich nicht viel. Die Begegnung mit der Philosophie und insbesondere mit seinem Lehrer Sokrates habe ihn sogar veranlasst, sein gesamtes vorphilosophisches Werk, seine Dichtungen, dem Feuer zu überlassen. Platon begann also zunächst selbst als Dichter. Das hält man kaum für möglich, wenn man seine Dichterschelte im zehnten Buch des Staates liest. Platons Geringschätzung der Kunst und sein neurotisch-ambivalentes Verhältnis zur Dichtung, trotz Kenntnis und Verehrung des Musenkusses, hängt mit dem sehr speziellen Wahrheitsverständnis seiner Philosophie zusammen. Klar ist, wenn der Sokratesschüler vom Schönen handelt, dann geht es ihm dabei nicht um die Kunst. Im Gegenteil, wenn die Rede auf das Schöne kommt, dann ist die Transzendenz, das Metaphysische, letztlich das, was für vergangene Zeiten die Heimat des Denkens war, das eigentliche Thema. Es gab eine Zeit, da war die Seele nackt, ohne Fleisch. Das war vor der Inkarnation. Im Dialog „Phaidros" berichtet Platon von einer Wagenfahrt, welche die Sterblichen vor ihrer Geburt, als reine Seele, körperlos unternahmen. Streng genommen ist es nicht Platon, der davon erzählt, sondern Sokrates, denn alles, was bei Platon Gewicht hat, stammt in seinen Dialogen aus dem Mund des Sokrates. Sokrates erzählt also im Phaidros von einer Wagenfahrt „in die Höhe der innern Himmels-Wölbung" (Platon 1994, S. 44) und von dort auf den „Rücken der Himmelskugel" in den „überhimmlischen Raum". (S. 45) Da standen sie nun im Jenseits und verweilten – Zeus, all die Götter und die Seelen der Menschen. Was nun passiert, ist die Schau der nackten Wahrheit, die Erkenntnis des inneren Wesens der Dinge und die Enthüllung des Geheimnisses des Seins, die Offenbarung der Botschaft, um was es im Leben gehen könnte. Die nackte

Wahrheit: „das Sein, das bar der Farbe, bar der Gestalt und untastbar wirklich ist" (ebenda) wurde erblickt. Erblickt wurde auch: „die Gerechtigkeit selbst, erblickt die Besonnenheit, erblickt die Erkenntnis, nicht die, der ein Werden beschieden ist, noch die, welche immer eine andre ist in andern Dingen, die wir jetzt wirklich nennen, sondern die im wirklichen Wesen wesende Erkenntnis." (ebenda) Das zeitlose und immergültige Wesen der Dinge wurde geschaut, und weil es in jeder Zeit und Epoche, für die Antike anders als für das Mittelalter, für die Renaissance anders als für die Moderne oder die Postmoderne, zur Erscheinung gelangt, in jedem Lebensabschnitt, für das Kind, für den Teenager, für den Erwachsenen und den Greis andere Farben und Gestalten annimmt, wurde es „bar der Farbe", „bar der Gestalt", eben als reines und nacktes Sein erblickt. Doch davon später. Nach der Schau all dieser Ideen und Ideale, nach der Rückkehr der Seele auf die Erde, nach der Inkarnation der Seele in den Leib, geht es darum, sich an dieses Ereignis wieder zu erinnern. Dafür gibt es im Leben eine Erinnerungsspur. Diese Spur gilt es zu verfolgen, ohne sie gibt es kein Glück und keine Erfüllung. Es gab damals bei der Wagenfahrt eine Idee, die war höchst liebenswert und am hellsten zu schauen, eine Sache, die stach hervor und hat sich eingraviert – die Schönheit. „Die Schönheit aber war damals leuchtend zu schauen, als wir mit dem glückhaften Chore das selige (…) Schauspiel erblickten, da wir dem Zeus, andre einem andern Gotte folgten und eingeweiht wurden (…) noch unversehrt damals von Übeln, die uns in der künftigen Zeit erwarteten, vorbereitet und geweiht für makellose, klare, beharrende und selige Gesichte in reinem Lichte (…)." (S. 49) Was damals ergriff und begeisterte, soll auch im Leben brennen und glühen. Das tut es auch. Was dort das Wichtigste war, ist auch hier das Größte. Die Schönheit ist „höchst klar Erscheinendes und höchst Liebenswertes" (ebenda), hier wie dort. Und weil das so ist, sollen wir der Schönheit nachgehen, uns von ihr beglücken und verzaubern lassen. In einem ekstatischen Sturm beschreibt Sokrates (Platon) nun, was passiert, wenn wir eine Schönheit erblicken. Der Anblick reißt uns weg und heraus aus dem gewohnten Sehen, eine Steigerung der Wahrnehmung, Sturm, Rausch, Angst, Schauer und Erregung trifft die Seele. „Schweiß und ungewohnte Hitze" steigen auf, es „gärt", „Liebreiz" ist da, „wie einen Regen empfängt" man „durch die Augen die Ausflüsse der Schönheit", „von Raserei befallen" kann die Seele, welche durch den Anblick einer irdischen Schönheit erotisiert ist, „weder nachts schlafen, weder des Tags an ihrem Orte verharren, sondern eilt sehnsüchtig dahin, wo sie glaubt den Träger der Schönheit zu erblicken. Sobald sie ihn aber schaut und den Liebreiz auf sich einströmen lässt, so löst sich das vorher Verschlossene wieder auf, Atem schöpfend fühlt sie sich frei von Stacheln und Schmerzen und erntet wieder jene süßeste Lust der Gegenwart." (S. 50 f.) Diesen Zustand, folgert Sokrates (Platon) weiter, „nennen die Menschen Eros" (S. 51) oder profaner „Verliebtheit" (S. 52). Wenn man diese Zeilen liest, dann denkt man unweigerlich an Liebe, Sexualität, Zärtlichkeit, Lichter, Wein, Gondeln und Musik – das soll man auch, dafür gibt es viele gute Gründe. Bei Sokrates (Platon) hat der Eros aber noch eine andere Komponente, die hier mitgedacht werden muss. Es geht nicht um Kopulation, Sex als Sport und Trophäensammlung, auch nicht um Partnerschaft und Bindung, nicht um die Passion der Liebe und nicht um die Institution der Ehe. Es geht um eine Phänomenologie der Empfindung und um die Frage, was das „höchst klar Erscheinende und höchst Liebenswerte" – das ekphanestaton kai erasmiotaton – der Schönheitserfahrung erschließt. Bei Sokrates (Platon) ist das klar. Das Schöne bewirkt eine Anamnesis, eine Wiedererinnerung an die damalige Wagenfahrt und die Schau des Wesens der Dinge. Weil das Schöne damals am hellsten und deutlichsten zu schauen war, hat es sich am meisten eingebrannt und ist auch hier auf der Erde, nach der Inkarnation das Ereignis, das nicht nur an die Wagenfahrt erinnert, sondern all das miterinnert, was das eigentlich Entscheidende im Leben ist. Das Wesen aller Dinge wurde ja schließlich erblickt. Der Anblick der Schönheit macht einen über die Wiedererinnerung an das Eigentliche im Leben zu einem besseren Menschen. Das Schöne hat eine humane Bedeutung. Das Schöne ist schön, so schön, so gut, so wahr. Wenn Sokrates (Platon) vom Schönen handelt, dann hat das nichts mit Kunst und Artistik zu tun, sondern mit einer besonderen Form der Erkenntnis und Lebenspraxis. Das Schöne ist nämlich Spur des Guten und macht durch sein funkelndes Leuchten auch das Wahre zugänglich. Zumindest ist das die offizielle Version, die uns die Philosophiehistoriker überliefern. Es gibt aber noch einen ganz anderen Sokrates. Sokrates den Liebenden. Nicht den abstrakt, idealistisch Liebenden, der die Idee des Schönen „bar der Farbe" und „bar der Gestalt" liebt, auch nicht den Sokrates, der den Anblick eines schönen Wesens für den geistigen Aufstieg ins Übersinnliche und die erotische Energie zum Höhenflug ins Transzendente nutzt, sondern Sokrates, den irdisch Liebenden. Wer war Sokrates' große Liebe? Die Philosophiehistoriker berichten davon nichts. Oft weiß man von der Biografie eines großen Denkers nicht viel mehr als: Er lebte, er arbeitete und er starb. Vielleicht kennt man da und dort noch ein paar Anekdoten und ein paar Umstände, die im Zusammenhang mit politischen Ereignissen wichtig waren. Vom Privaten der Philosophen wissen wir nichts. Wer war die große Liebe des Sokrates? Wir wissen, das Sokrates eine Frau hatte, die Xanthippe hieß, mit der er immer wieder stritt. Vielleicht war sie seine große Liebe. Es gibt ja den Spruch: Der Liebenden Streit die Liebe erneut. Massiver Streit, in dem die Möglichkeit einer Trennung und Beendigung der Liebe angedroht wird und im Raum steht, lässt dann die Versöhnung umso stürmischer und leidenschaftlicher ausfallen, man spürt durch die gegenseitige Verlustdrohung plötzlich wieder den Wert des anderen, wie wichtig und bedeutsam der Geliebte ist. Dennoch glaube ich kaum, dass Xanthippe die große Liebe des Sokrates war, vielleicht als ihre Liebe noch jung und frisch war, doch Liebe ist ewig das Neue, wie André Heller singt. Wie auch immer, wir wissen zu wenig darüber.

Auf jeden Fall ist es interessant, dass es eine Frau gibt, die in den Erzählungen des Sokrates eine zentrale Rolle spielt. Diotima, eine weise Seherin aus Mantineia. Sie spricht im Dialog Symposion das Herzstück der sokratisch-platonischen Philosophie aus. Das ist sicher kein Zufall. Wenn ein Mann, in unserem Fall Sokrates, das Beste, was er sagen kann und je gehört hat, von einer Frau erfahren hat, von Diotima, dann ist der Verdacht nicht unbegründet, dass es eine besondere Verbindung zwischen ihnen gab. Auch wenn man sich in antiker Vornehmheit darüber ausschweigt. Im „Symposion" wird von einem Gastmahl, einer Feier berichtet. Der junge Dichter Agathon hat den Tragödienwettstreit von Athen gewonnen, das gab den Anlass für ein Fest in seinem Haus. Zu späterer Stunde, als alle genügend gelockert waren und der Smalltalk verklungen ist, beschlossen Sokrates und seine Freunde, eine Lobrede auf Eros zu halten. Das passte zum Abend, zur Feier und zur Stimmung. Alles Mögliche wurde über Eros gesagt, er sei ein Gott, wurde berichtet, Eryximachos, der Arzt war, behauptete sogar, Eros sei der eigentliche Gott der Heilkunst, denn Eros stünde für Harmonie, Rhythmus und Versöhnung. Viele Krankheiten ergäben sich daraus, dass etwas aus dem Gleichgewicht geraten sei und im Körper, im Geist und im Leben des Kranken etwas in Disharmonie stünde. Eine der wirkmächtigsten Reden stammte damals von Aristophanes. Es ist die Geschichte mit den Kugelmenschen. Es gab eine Zeit, erzählte Aristophanes, da gab es drei Geschlechter. Neben Männern und Frauen gab es noch eine Mischung aus beiden, ein androgynes Geschlecht, das mannweiblich in einem war. Das ganze Aussehen der Menschen war damals anders. Vier Hände, vier Beine und zwei Gesichter, eines nach vorne und eines nach hinten blickend. „Damals war die ganze Gestalt jedes Menschen rund, so dass Rücken und Flanken im Kreis standen, er hatte vier Hände und ebenso viele Beine und zwei Gesichter auf kreisrundem Nacken, ganz gleiche. Und zu den zwei gegenübergestellten Gesichtern nur einen Kopf und vier Ohren und zwei Schamteile und alles andre, wie man es sich hiernach vorstellen kann." (Platon 1998, S. 55 f.) Der Mensch der Vergangenheit ging aufrecht wie heute, konnte aber, wenn er wollte, alle seine Extremitäten von sich strecken und Räder schlagend gleichsam wie eine Kugel davonrollen. Er war sehr schnell, und da er alles doppelt hatte, auch sehr stark und klug. Das hat die Menschen hochmütig und die Götter eifersüchtig gemacht. Aus Strafe wurden die Kugelmenschen in der Mitte auseinandergeschnitten. Seit diesem Zeitpunkt habe der Mensch das Gefühl, ein Getrennter zu sein, einer, dem seine zweite Hälfte fehlt. Spätestens in der Pubertät spürt man dieses Fehlen ganz stark und man macht sich auf die Suche nach seiner zweiten Hälfte. Und da es drei Geschlechter gab, sucht jeder etwas anderes. Männer und Frauen suchen einander, Männer und Männer suchen einander, Frauen und Frauen suchen einander. Die Sehnsucht nach der zweiten Hälfte, das ist der Eros, sagt Aristophanes. Insgesamt gab es sieben Reden auf dem Gastmahl des Agathon. Höhepunkt war die Rede des Sokrates bzw. die Rede der Diotima. Das muss im Originalton wiedergegeben werden: „(…) die Rede über den Eros, die ich einst hörte von Diotima, einer Frau aus Mantinea, welche hierin und in vielem andern weise war (…) und die auch mich das Wesen der Liebe lehrte – die Rede also, die ich von ihr hörte, will ich versuchen, euch wiederzugeben, (…). (S. 72 f.) Wir wissen von Diotima nichts anderes als das, was Sokrates in Platons Gastmahl von ihr sagt, es gibt ein paar Vasenbilder, auf denen Sokrates und Diotima zu sehen sind, ansonsten ist nichts überliefert. Wo etwas im Verborgenen liegt und das historische Gedächtnis nichts zur Erinnerung beiträgt, muss eine tiefenpsychologische Bohrung zutage fördern, was sonst vergessen bliebe. Spannend ist, dass Sokrates sagt, Diotima habe ihn das „Wesen der Liebe" gelehrt. Diotima hat ihm also gezeigt, was Liebe ist, er hat es von ihr erfahren. Wenn ein Mann sagt, eine Frau habe ihn das „Wesen der Liebe" gelehrt, dann muss man hier hellhörig werden. Als Tiefenpsychologe hört man dann eine andere Stelle mit, in der Sokrates über die Liebe, nicht nur die geistige Liebe, sondern über

Liebe und Leib spricht. Es ist die weiter oben zum Teil wiedergegebene Erosrede aus dem Dialog „Phaidros". Sokrates spricht dort über schöne Leiber, über Liebe und Verliebtheit, darüber, wenn man nachts vor Begehren und Sehnen nicht schlafen und tagsüber nirgends ruhig verweilen kann, wenn die Seele beflügelt ist und man mit diesen Flügeln in das Heimatland der Transzendenz fliegt, diesen Zustand „nennen die Menschen Eros" (Platon 1994, S. 51). Das möge man mitdenken und mithören, wenn Sokrates sagt, was er von seiner Liebeslehrerin Diotima erfahren hat. Eros ist kein Gott, wie Agathon in seiner Rede behauptete und auch Sokrates glaubte, bis ihn Diotima eines Besseren belehrte, wie er sagt. Eros ist zwischen Gott und Mensch. „Was also, sprach ich, wäre der Eros? Ein Sterbling? – Keineswegs. – Aber was dann? – Wie vorher, sagte sie, mitten zwischen Sterblich und Unsterblich. – Was also, Diotima? – Ein großer Dämon, o Sokrates, denn alles Dämonische ist mitten zwischen Gott und Sterbling. – Welche Kraft hat es? fragte ich. – Zu verkünden und zu überbringen Göttern, was von Menschen, und Menschen, was von Göttern kommt." (Platon 1998, S. 74) Hier ist es wieder, das Gespräch mit der Transzendenz. Eros ist der Dolmetscher zwischen Mensch und Transzendenz. Wer glaubt, es gäbe einen Zugang zum Göttlichen, ohne dass dabei der Eros und die Macht der Liebe eine Rolle spielen, der irrt gewaltig. Göttliches ohne Rausch und Ekstase des Eros, das ist der blutleere Gott eines moralischen Imperativs oder das trocken spröde Gerippe eines Gottesbeweises. Darauf kann der Mensch verzichten, nicht jedoch auf den tanzenden, spielenden und feiernden Gott. Diotima (Διοτίμα; von Διόϛι „Zeus" und τιμή timē, „Ehre", „die Hohepriesterin") sagt auch, dass der Eros nicht nur zwischen Gott und Mensch vermittelt, sondern auch zwischen Weisheit und Torheit. Der Eros liebt die Sophia, die Weisheit, darum sucht er sie: „Die Weisheit gehört nämlich zu den schönsten Dingen, Eros aber ist Liebe zum Schönen, so daß Eros notwendig weisheitssuchend ist, weisheitssuchend aber ist er mitten zwischen weise und töricht." (S. 76) Eros ist aber auch etwas, das sich zwischen Liebendem und Geliebtem abspielt. Sokrates glaubte vor der Begegnung mit Diotima, wie so viele andere auch, dass der Geliebte das Entscheidende an der Liebe ist. In der Liebe gibt es einen Liebenden und ein Geliebtes. Im besten Fall trifft die Liebe auf Gegenliebe, der Liebende wird auch vom Geliebten zurückgeliebt. Hier ist Liebe freiwillig und gegenseitige Gabe. Oft ist die Liebe eher Tauschhandel, man liebt nur dann, wenn man auch zurückgeliebt wird. Ist dies nicht der Fall, tötet der Liebende seine Gefühle für die Geliebte ab, aus verständlichen Gründen. Ein Liebender kann aber auch dann lieben, wenn diese Liebe vom Geliebten nicht erwidert wird. Das ist die hohe Kunst. Zu lieben, nicht weil man zurückgeliebt wird, sondern weil man liebt, weil man ein Liebender ist. Eros, so wie Diotima ihn versteht, beschreibt die Kraft, die den Liebenden verwandelt, die ihn glücklich macht und unabhängig vom Objekt der Liebe. Sie fasst den Eros vom Akt der Liebe und nicht vom Gegenstand der Liebe. Der Liebende liebt den anderen nicht, weil er so besonders ist, sondern einfach weil er liebt. Erst durch die Tat der Liebe wird der andere zum ganz besonders anderen Du. Sokrates hat das Wesen des Eros vor dem Gespräch mit Diotima vom geliebten Objekt, vom Liebenswerten her verstanden. Diotima zu Sokrates: „Du glaubtest aber, wie ich aus deinen Worten entnehme, das Geliebte sei Eros, nicht das Liebende. Deswegen glaube ich, schien dir Eros vollkommen schön. Denn das Liebenswerte ist das wirklich Schöne und Zarte und Vollkommene und Selige. Das Liebende aber hat eine andere Gestalt, so wie ich sie beschrieb." (S. 77) Sokrates: „So sei es, Freundin (Man höre, er nennt sie Freundin. Anm. von mir), denn deine Rede ist schön (…). Wenn aber Eros so geartet ist, welchen Nutzen bringt er den Menschen?" (…) Diotima: „Wenn aber jemand uns fragt: Was liebt Eros am Schönen, Sokrates und Diotima? Und so will ich noch deutlicher fragen: Wer das Schöne liebt, was liebt er?" Sokrates: „Dass es ihm werde." (ebenda) Wem das Schöne wird, wer ihm begegnet, der braucht und verlangt nichts mehr, der ist glücklich. Hier ist das Leben wirklich lebenswert und mehr bedarf es nicht. Man wird es schwer beweisen können, dass zwischen Sokrates und Diotima nicht nur dieser Wortwechsel stattgefunden hat. Normalerweise ist es so, wenn zwei Menschen die Philosophie verehren und sie vom Wesen der Liebe sprechen, dann springt da nicht nur der Funke der Begeisterung über. Von jedem philosophisch behandelten Thema geht eine ganz besondere Magnetwirkung und unsichtbare Strahlung aus. Wenn man sich intensiv mit einer Sache auseinandersetzt, dann geht das nicht spurlos an einem vorbei, durch die vermehrte Achtsamkeit auf ein Phänomen verändert sich die Wahrnehmung der Welt. Die Beschäftigung mit einem Thema selektiert und steuert den Ausschnitt der Welt, den man sich geistig aneignet. Wer sich mit Macht beschäftigt, aus welchem Grund auch immer, wird sich dieses Gebiet erschließen und einen Blick für Machtphänomene bekommen, überall werden plötzlich Machtprozesse und Machtstrukturen sichtbar. Die Beschäftigung mit einem Phänomen sensibilisiert die Wahrnehmung für dieses Phänomen. Das ist die Sogwirkung, die von den Phänomenen ausgeht. Wenn sich ein Mann und eine Frau gegenübersitzen und sie über Liebe sprechen, dann würde es nicht wundern, wenn der Funke des Begehrens überspringt. Im Falle von Sokrates und Diotima wissen wir nicht, was und ob etwas zwischen ihnen war. Das ist auch nicht das Entscheidende. Ich für meinen Teil kann mir nur sehr schwer vorstellen, dass das eine rein platonische Angelegenheit war bzw. gehe ich davon aus, dass das, was der Begriff der platonischen Liebe suggeriert, eher ein Märchen ist, das man sich erzählt, um Details nicht schildern zu müssen. Der Gentleman schweigt und genießt; auf neugierige Fragen heißt es dann, das war rein platonisch. Der Begriff der platonischen Liebe ist der offiziell anerkannte Code, um ein Geheimnis hüten zu dürfen. Kurz gesagt, wo Liebe ist, da ist auch der Leib, wo Eros ist, da sind Menschen und Götter.

Klar ist, wenn Platon vom Schönen handelt, dann hat das – wie gesagt – nichts mit Kunst und Artistik zu tun, sondern mit einer besonderen Form der Erkenntnis und Lebenspraxis. Das Schöne ist nämlich Spur des Guten und macht durch sein funkelndes Leuchten auch das Wahre zugänglich. Das mittelalterliche Denken kennt dann die Einheit von verum, bonum und pulchrum. Und für eine sehr lange Zeit gehören Ethik, Ästhetik und die Epistemologie, der Einblick in die letzten Wahrheiten zusammen. Wenn man sich die Geschichte der Philosophischen Ästhetik ansieht und vor Augen führt, welche Großleistungen auf das Konto des Schönen gehen, dann wundert es, dass die Medizin nicht Teil der Geistes- und Kunstwissenschaftlichen Fakultäten geworden ist. Das Schöne und das Ästhetische haben eine therapeutische Dimension, daran gibt es keinen Zweifel. Was leistet das Schöne? Das Schöne enthüllt das Wahre und das Gute (Platon), es zeigt die harmonische Ordnung und den Glanz der Dinge (Pseudo-Dionysius Areopagita), es ist eine der transzendentalen Bestimmungen Gottes (Thomas von Aquin), in der Schönheit erscheint die Welt in ihrer Vollkommenheit (Baumgarten), das Schöne ist die Tochter der Freiheit (Schiller), es leistet eine zeitweilige Erlösung vom Leiden am Dasein (Schopenhauer). Die ästhetischen Werte sind die einzigen Werte, die dem Nihilismus und der Sinnlosigkeit des Daseins standhalten und damit das eigentliche Stimulans des Lebens (Nietzsche). Das Schöne ist das sinnliche Scheinen der Idee und eine der drei Gestalten des absoluten Geistes (Hegel). Das Schöne ist Antidepressivum und Weckamin des Seins, es reißt den Menschen aus der „Seinsvergessenheit" heraus (Heidegger). Der Vorschein des Schönen und das Einleuchten des Verständlichen sind wesensverwandt (Gadamer). Im Kunstwerk und durch die ästhetische Einstellung wird das Andere, Fremde, das „Nichtidentische", das in der verwalteten Welt zugerichtet und verstümmelt wird, aufbewahrt und gerettet (Adorno). Kunst ist „Vorschein" einer möglichen, besseren und anderen Welt (Bloch). Das Schöne, seine enorme Wichtigkeit für den Menschen, sein Rang unter den wichtigsten Dingen im Leben, das muss am Eingangstor der Spielhalle des Lebens vermerkt werden. Dort soll stehen:

Erkenne das Schöne! Wo es fehlt, ist Dürre und Durst. Das Erkennen und Anerkennen des Schönen hat aber nichts mit strenger begrifflicher Erkenntnis zu tun. Strenge Begrifflichkeit, Wissenschaft und Schönheit schließen sich aus. Das Schöne ist das Große, das Außergewöhnliche und Sublime, das die Reflexion in Gang bringt. Hat sich die Reflexion sehr weit vom Staunen entfernt, von dem sie einst ausgegangen ist, und damit das Schöne erstickt, ist es Zeit, wieder an den Ursprung zurückzukehren. Ist die Reflexion durch alle Erkenntnis hindurchgegangen, gelangt sie zum Spring- und Jungbrunnen des Schönen und zur Grazie der Welt. Kleist hat den Zusammenhang zwischen Grazie, prä- und postreflexivem Bewusstsein in seinem „Marionettentheateraufsatz" wunderbar beschrieben:

„Wir sehen, dass in dem Maße, als, in der organischen Welt, die Reflexion dunkler und schwächer wird, die Grazie darin immer strahlender und herrschender hervortritt." (…) „so findet sich auch, wenn die Erkenntnis gleichsam durch ein Unendliches gegangen ist, die Grazie wieder ein; so, dass sie, zu gleicher Zeit, in demjenigen menschlichen Körperbau am reinsten erscheint, der entweder gar keins, oder ein unendliches Bewusstsein hat, d. h. in dem Gliedermann, oder in dem Gott. Mithin, sagte ich ein wenig zerstreut, müssten wir wieder von dem Baum der Erkenntnis essen, um in den Stand der Unschuld zurückzufallen? Allerdings, antwortete er; das ist das letzte Kapitel von der Geschichte der Welt." (H. Kleist 1996, S. 92)

Trauerspiel: „Meine Seele ein Saitenspiel" – „Hörte jemand ihr zu?"

> *„(...) so lange die Sonne nur scheint und Diotima, so gibt es keine Nacht für mich. (...) ich wollte, die Menschheit machte Diotima zum Losungswort (...)."* Hyperion
> (Hölderlin, Hyperion)

Das Ereignis des Schönen, das soll in einem Essay über das Leben als Spiel nicht verschwiegen werden, hat aber auch noch eine andere Dimension. Die ästhetische Erfahrung des Schönen hat zwei Seiten. Hölderlin hat im Gedicht „Hälfte des Lebens" beiden Seiten der Schönheitserfahrung ein Denkmal gesetzt. Weil das Spiel mit der Schönheit zwei Wesensaspekte hat, haben kann, vielleicht notwendigerweise immer haben muss [da bin ich mir nicht sicher, das musst Du, liebe Hannah, selber herausfinden], lassen sich nicht alle auf dieses Spiel ein. Vielleicht gibt es auch andere Gründe, sich nicht auf diesen Weltbezug einzulassen, aber ein Grund könnte im Phänomen des Schönen und in dem liegen, was es mit den Menschen macht. Es fasziniert und erschreckt nämlich im gleichen Maße, es verspricht und bricht, was es verspricht, daher lässt man sich vielleicht nicht auf das Schöne ein. Man fliegt nicht, weil man abstürzen könnte, missachtet den Himmel, weil sonst der Boden unter den Füßen schwindet, man wagt nichts, gewinnt nichts, verliert aber auch nichts. Wer auf die Schönheit setzt, kann alles verlieren und alles gewinnen. Das Schöne erlöst, es versöhnt mit dem Tragischen, behaupten die einen, das Schöne ist das Tragische, sagen die anderen. Bei Schopenhauer z. B., der davon ausgeht, dass die Welt ein Jammertal ist und Leben Leiden heißt, darum Leiden heißt, weil hinter allen Manifestationen des Seins ein unersättlicher Wille steckt, der nie befriedigt werden kann, der will und immer mehr will und darum Leid erzeugt, leistet die kontemplative Hingabe an die Schönheit der Musik eine temporale Erlösung vom Leiden am Dasein. In dem Moment, wo das Schöne erscheint, da ist alles gut, der Wille kommt zeitweilig zur Ruhe. Nein, es ist gerade umgekehrt, das Schöne beruhigt nicht, es erschreckt, gerade weil in der Schönheit etwas gezeigt wird, das wir nur flüchtig besitzen können, hat das Schöne auch einen Stachel, es tröstest nicht, es ist das Tragische selbst. Es zeigt, was sein könnte, aber nie bleibt, da es immer nur flüchtig verweilt. Die Rose hat Blüten und Dornen. Erlösungsästhetik oder Ästhetik des Schön-Schrecklichen? Die zwei Hälften des Lebens, das Schöne und das Tragische, gehören untrennbar zusammen, sagt die Ästhetik des Erhabenen. Erhaben wird das Schöne, das auch das Schreckliche ist, darum genannt, weil es einen beflügelt und erhebt, aber nicht nur beflügelt und nicht nur erhebt, sondern in höchster Höhe und Ekstase, im Augenblick des größten Glücks, fallen und abstürzen lässt. Rilke lässt seine „Duineser Elegien" mit dem Schön-Schrecklichen beginnen:

„WER, wenn ich schriee, hörte mich denn aus der Engel / Ordnungen? und gesetzt selbst, es nähme / einer mich plötzlich ans Herz: ich verginge von seinem stärkeren Dasein. Denn das Schöne ist nichts / als des Schrecklichen Anfang, den wir noch grade ertragen, / und wir bewundern es so, weil es gelassen verschmäht, / uns zu zerstören. Ein jeder Engel ist schrecklich. / Und so verhalt ich mich denn und verschlucke den Lockruf / dunkelen Schluchzens." (R. M. Rilke 1996, S. 629)

Der Lockruf, der den Engel herbeiruft, wird dunklen Schluchzens verschluckt, denn der Engel der Schönheit ist auch der Engel des Schrecklichen. Schrecklich ist der Engel, weil er das Glück verspricht und dieses Versprechen bricht. Er bricht es, weil er kommt, verweilt, aber nicht bleibt. Er glänzt und tanzt, erlöst, versöhnt und vollendet, zeigt Ordnung, Welt und Harmonie, vergoldet, schmückt, beglückt, verschwindet, stirbt, erlischt, verweht, lässt Dürre, Durst und Weh. Diese zwei Hälften gehören zusammen, wird behauptet. „Am Tage, da die

schöne Welt für uns begann, begann für uns die Dürftigkeit (...)",
heißt es in der metrischen Fassung des Hyperion. Alles ist nur gelie-
hen, nicht Besitz, so auch die Schönheit. Das Schöne gibt es nicht ohne
das Schreckliche. Das hängt mit dem Wesen der Vollendung zusammen, wie Winfried Menninghaus (2005) in seinem „Versuch" über
Hölderlins Poetik schreibt. Hölderlin benennt das Schön-Schreckliche
in seinem Gedicht „Hälfte des Lebens" folgendermaßen:

„Mit gelben Birnen hänget / Und voll mit wilden Rosen / Das Land
in den See, / Ihr holden Schwäne, / Und trunken von Küssen / Tunkt
ihr das Haupt / Ins heilignüchterne Wasser. / / Weh mir, wo nehm'
ich, wenn / Es Winter ist, die Blumen, und wo / Den Sonnenschein /
Und Schatten der Erde? / Die Mauern stehn / Sprachlos und kalt, im
Winde / Klirren die Fahnen." (F. Hölderlin 1982c, S. 134 f.)

Das Gedicht besteht aus zwei Hälften, einer warmen und einer kalten, aus Farb- und Temperaturanstieg, aus Abfall und Tiefdruck, aus
Birnen, Rosen, Küssen, Trunkenheit und Schwänen im ersten Teil,
Schatten, Mauern, Fahnen, kalten Winden und Sprachlosigkeit im
zweiten Teil. Ekstase in der ersten und Entzug in der zweiten Hälfte.
Von der Erfüllung und Vollendung durch trunkne Küsse zur Sorge,
„Weh mir, wo nehm' ich, wenn", in der bereits eine erste Ernüchterung und ein erstes Verschwinden des Schönen sich ankündigt, bis
zum totalen Entzug des Schönen und kalten „Klirren" der „Fahnen"
legt sich hier nicht nur eine Poetik des Schmerzes aus, sondern eine
universelle Erfahrung, die Erfahrung, dass das eine, Rausch und
Glück, nicht ohne das andere, Ernüchterung und Leere, zu haben ist.
Das „heilignüchterne Wasser", in dem das heilig Schöne und das
nüchtern Schreckliche zusammenfließen, ist der Punkt im Gedicht, in
dem Vollendung und Verlust sich für einen kurzen Moment nahe sind.
Hölderlins Gedicht enthält die „der Erfahrung des Schönen einge-
schriebene Antinomie von Vollendungsglück und Verlusterfahrung."
(W. Menninghaus 2005, S. 63) Hölderlin wollte wie Schiller „Briefe
über die ästhetische Erziehung des Menschen" schreiben, allerdings

„Neue Briefe über die ästhetische Erziehung des Menschen". Das Neue daran wäre der Gedanke gewesen, dass die Erfahrung des Schönen nicht nur Heimat, Himmel und Transzendenz bedeutet, sondern auch Leere, Mangel und Fehl. „Denn anders als bei Schiller setzt uns das Schöne im Sinne Hölderlins stets zugleich einer Erfahrung von Armut, Mangel und Verlust aus." (ebenda) Wenn etwas voll zur Erscheinung kommt, nichts mehr übrig bleibt, alles da ist, dann ist es vollendet und geht zu Ende, es hört auf zu sein. Was in „Hälfte des Lebens" traurig klingt, ist in Wahrheit aber ein freudiges Ereignis – Melancholiebe und Tränenglück. Denn wäre das Schöne nicht auch das Schreckliche, würde es sich nicht schenken und zugleich wieder entziehen, dann wäre es nicht das Schöne, dessen Reiz ja auch in seiner Flüchtigkeit besteht und vor allem darin, dass das Begehren durch die Kurzweiligkeit des Schönen nie ganz gestillt wird. Menninghaus: „Die radikale Unbesitzbarkeit des Schönen, der ekstatische ‚Moment'-Charakter seiner Erfahrung, sein ‚Verschwinden' ins ‚nichts': nicht zuletzt dies führt der Umschlag zwischen den beiden Strophen von Hälfte des Lebens vor Augen. Schön sein, so Hölderlin unter Berufung auf Homer, heißt ‚für kurze Zeit geboren' sein. (…) Das Begehren des Schönen trägt diesen ‚Widerstand', diese ‚Fessel' der Endlichkeit, diese Erfahrung des ‚Verschwindens' letztlich ‚gerne'. Denn das Fehlen des Fehlens, die Mangellosigkeit einer dauerhaften Aneignung des Schönen würde nichts zu ‚wünschen' übriglassen und mit dem ‚Leiden' zugleich das ‚Leben' tilgen. Das Begehren würde sich selbst nicht mehr fühlen." (W. Menninghaus 2005, S. 64 f.)

[Hannah, solltest Du wegen des Zuendegehens einer Liebe oder aus anderen Gründen einmal leiden, bitte vergiss das nicht. Es gibt ein Leiden, das sinnlos ist, hoffentlich zerbricht man nicht daran, aber es gibt auch ein Leiden, das notwendig ist, ohne dieses Leiden würde das Begehren, das Sehnen und Wünschen erlöschen. Auch dieses Leiden ist nicht schön, auch dieses Leiden tut weh, aber dieses Weh gehört zu den Wachstumsschmerzen des Lebens.]

Das leuchtet alles sehr ein und hat seine Richtigkeit, keine Frage. Es ist gut, so wie es ist. Ohne Begehren kein Streben, keine Wanderschaft, keine Entwicklung und kein Leben, in der Sättigung und in der Vollendung gibt es kein Aufbrechen, Suchen, keine Sehnsucht und kein Verlangen. Aber, ist die Schau der Ewigkeit – und das leistet ja das Schöne, indem es den Schleier der Maya, den Vorhang des Wandels, Werdens und Vergehens hebt, ist dieses durchaus von einem großen Begehren angezogene Entkleiden des Seins, zumindest bei Platon, bei Plotin und in der Tradition des ästhetischen Platonismus wird ja behauptet, wenn wir den Rock des Seins heben, dann schauen wir die Ewigkeit – ist die Schau des ewigen Wesens des Seins notwendigerweise verbunden mit einer Mangel- und Verlusterfahrung? Folgt auf die Geborgenheit im Ewigen immer der Sturz in die Endlichkeit, folgt auf die Epoche der Metaphysik notwendigerweise eine Zeit der „metaphysischen Heimatlosigkeit" (vgl. G. Lukács 1920)? Während Sokrates die vorgeburtliche, mystische Schau der Schönheit und der Ewigkeit sowie die lebensweltliche Anamnesis daran am Paradigma der Liebe und Verliebtheit exploriert, und Diotima, die Seherin aus Mantineia, wahrscheinlich mehr als nur eine Gesprächspartnerin war, steht im Hintergrund von Hölderlins „Hälfte des Lebens" die Erfahrung des Verlusts eines geliebten Wesens, einer Frau, die Hölderlin in seinen Dichtungen Diotima nannte.[1] Verliert man ein geliebtes Wesen, dann verliert man auch den Glauben an die Ewigkeit. Wie sich durch

---

[1] Dass in Hölderlins Gedicht „Hälfte des Lebens" *auch* die ganz persönliche Schönheits- und Verlusterfahrung einer Liebe eingeschrieben ist, beweist sich u. a. dadurch, dass entscheidende Figuren des Gedichts, das zwischen 1799 und 1804 (vgl. W. Menninghaus 2005, S. 9) entstanden ist, auch im Gedicht „Menons Klage um Diotima" (1802) zu finden sind. In der Klage um Diotima spricht aber der Verlust von Susette Gontard, seiner großen Liebe mit, das ist ein Topos der Hölderlinforschung. Im Übrigen könnte man Hölderlins „Hälfte des Lebens" auch als die Beschreibung jener Erfahrung lesen, welche die Kugelmenschen des Aristophanes bei ihrer Halbierung – Trennung – und ihrer Wiedervereinigung erlebt haben müssen (vgl. dazu: diese Arbeit S. 32 f.). Klinisch gesprochen, der erste Teil des Gedichts stünde dann für den Wiedervereinigungsjubel mit seiner einstigen Hälfte und der zweite Teil des Gedichts für die Entzugsdepression nach der Trennung der Hälften.

die Liebe die Ganzheit und Verbundenheit mit der Welt auftut, wie sich in der Liebe die „Welt als die beste aller möglichen Welten" präsentiert, so entzieht sich mit dem Verlust der Liebe nicht nur das geliebte Wesen, sondern auch die Ewigkeit, die man durch die Liebe hindurch erschlossen hat. Der Stachel der Endlichkeit, nicht nur diese eine Liebe, aus der ich gefallen bin, ist zu Ende, sondern dass das Leben ein Ende, dass alles ein Ende hat, wird schmerzlich erfahren. In „Dichtung und Wahrheit" schreibt Goethe: „Die erste Liebe, sagt man mit Recht, sei die einzige: denn in der zweiten und durch die zweite geht schon der höchste Sinn der Liebe verloren. Der Begriff des Ewigen und Unendlichen, der sie eigentlich hebt und trägt, ist zerstört, sie erscheint vergänglich wie alles Wiederkehrende." (J. W. Goethe 1962, S. 44)

Der Ästhetik des Erhabenen, welche die Endlichkeit des Schönen betont, scheint die Erfahrung des Liebes- und Schönheitsverlustes vorauszugehen, sonst könnte sie nicht vom Schön-Schrecklichen sprechen. Wer am Schönen den Anfang und Aufgang, den Frühling und die Morgenröte erfährt, erfährt auch die Ewigkeit. Wer dort bleiben und verweilen darf, erlebt Gnade. Vielen Liebenden, Orpheus und Eurydike, Abaelard und Heloïse, Romeo und Julia, Celan und Bachmann, wurde diese Gnade nur kurze Zeit zuteil. Hölderlin und Diotima hatten dieses Glück nur einen Sommer lang.

Als Hölderlin im Dezember 1795 in Frankfurt beim Bankier Gontard eine Stelle als Hauslehrer antrat, war er für Susette, die Ehefrau des Bankiers, längst kein Unbekannter mehr, sie hatte bereits von ihm gelesen. Im November 1794 ist in Schillers „Thalia" Hölderlins Fragment von „Hyperion" erschienen. Ein Schweizer Bankierssohn schickte den Text kurz nach seinem Erscheinen als Ausdruck seiner Verehrung an Frau Gontard. Hölderlin wäre vermutlich zu schüchtern gewesen und hätte seine Dichterexistenz vor der Bankiersfamilie verschwiegen. Wie auch immer. Hölderlin trat ins Haus, Susette war verzaubert, Hölderlin war verzaubert. „Ich bin in einer neuen Welt", schreibt er in einem Brief an seinen Freund Neuffer. „Ich konnte wohl sonst glauben, ich wisse, was schön und gut sey, aber seit ich's sehe, möchte' ich lachen über all' mein Wissen. Lieber Freund! Es giebt ein Wesen auf der Welt, (...)." (F. Hölderlin 1796, S. 853) Das geliebte Wesen, das jetzt real war und den Namen Susette Gontard trug, von dem Hölderlin im Fragment des „Hyperion" schon sprach und das dort Melite hieß, wurde dann in den weiteren Fassungen des „Hyperion" und im Realen Diotima genannt. Liebe, Vollendungsglück mit Diotima, Ende, Verlusterfahrung und Tod der Diotima finden sich im Imaginären des Textes und im Realen des Lebens. Beide, Diotima und Susette, sterben. Texte finden hin und wieder ihre eigene Wirklichkeit, bei Hölderlin war es so. 1795 tritt also Hölderlin in Frankfurt seine Hauslehrerstelle an, lernt Susette kennen und lieben. 1797 schreibt Hölderlin im Gedicht „An die Parzen", wir werden noch davon hören, über den zu kurzen Sommer der Liebe, in dem sich Susette und Hölderlin ganz nah waren. Wie nah wissen wir nicht. Es scheint, immer dann, wenn eine Diotima im Spiel ist, hüllt sich vornehmes Schweigen um die Geschehnisse. 1798 kommt es zur Trennung vom Hause Gontard, dafür gibt es viele Gründe. Täglich zu sehen, dass das, was man gerne hätte, einem anderen gehört, dem Bankier, einem, der Dichter und Denker „Orchideenwissenschaftler" nennt, einem, der universal gebildete Hauslehrer unter die Kategorie der Bediensteten rechnet, der sich so aristokratisch überlegen wähnt, dass er nicht einmal Eifersuchtsgefühle für den in seinen Augen weit unterlegenen Lehrer seines Sohnes hegte, all das waren tägliche Kränkungen. Hölderlin musste gehen. Eine Zeit lang treffen sich Hölderlin und Susette heimlich und halten Briefkontakt. Die Trennung hat den Liebenden schwer zugesetzt. Susette wird schwermütig und später krank. In einem Brief schreibt sie: „Ich muß Dir schreiben Lieber! Mein Herz hält das Schweigen gegen Dich länger nicht aus, nur noch einmal laß meine Empfindung sprechen von Dir, dann will ich, wenn Du es besser findest, gerne, gerne still seyn. Wie ist nun, seit Du fort bist, um und in mir alles so öde und leer, es ist als hätte mein Leben alle Bedeutung verloren, nur im Schmerz fühl ich es noch. – – (…) Wie! dachte ich dann oft, soll künftig diese geliebte, reine Liebe, wie Rauch verfliegen und sich auflösen, nirgends eine bleibende Spur zurück lassen? Da kam der Wunsch in mich, noch durch geschriebene Worte, für Dich, ihr ein Monument zu errichten das unauslöschlich die Zeit doch unverändert schonet. Wie möchte ich, mit glühenden Farben, bis auf ihre kleinsten Schattierungen, sie malen, und sie ergründen, die edle Liebe des Herzens, (…)." (Diotima, Briefe, S. 957) 1799 stirbt Diotima im zweiten Band des Hyperion. Hyperion, der Held des Romans, zieht eines Ideals wegen in den Krieg und verlässt Diotima. Er muss, er hat keine andere Wahl. Diotima stirbt an Schwermut, Hyperion fühlt sich schuldig an ihrem Tod. Hyperion: „Mit mir ists aus; verlaidet ist mir meine eigne Seele, weil ich ihrs vorwerfen muß, dass Diotima todt ist, und die Gedanken meiner Jugend, die ich groß geachtet, gelten mir nichts mehr. Haben sie doch meine Diotima mir vergiftet." (F. Hölderlin 1981, S. 653). Pierre Bertaux, Hölderlins bedeutendster Biograf, verweist auch darauf, dass Diotima Hyperion ausdrücklich von jeder Schuld an ihrem Tod freispricht. Diotima: „So ists mit deinem Mädchen geworden, Hyperion. Frage nicht wie? Erklär diesen Tod dir nicht! Wer solch ein Schiksaal zu ergründen denkt, der flucht am Ende sich und allem und doch hat keine Seele Schuld daran." (ebenda) So viel zum Imaginären des Romans. Als Hölderlin Susette den zweiten Band des Hyperion schenkt, der im Herbst 1799 fertiggestellt wurde, schreibt er in einem Brief an sie: „Hier unser Hyperion, Liebe! Ein wenig Freude wird diese Frucht unserer seelenvollen Tage Dir doch geben. Verzeih mir, dass Diotima stirbt. Du erinnerst Dich, wir haben uns ehemals nicht ganz drüber vereinigen können. Ich glaubte, es wäre, der ganzen Anlage nach, notwendig. Liebste! alles, was von ihr und uns, vom Leben unseres Lebens hie und da gesagt ist, nimm es wie einen Dank, (…)." (F. Hölderlin 1982, S. 920) 1802, drei Jahre nach dem Tod der Diotima, stirbt auch Susette Gontard. Ihr Tod hat wie immer viele Ursachen und Gründe. Psychosomatiker und Psychoimmunologen behaupten, dass der Verlust des geliebten Wesens und der dadurch erfolgte Zusammenbruch ihrer Welt Susette so schwächten, dass sie starb. Ohne den seelisch bedingten Immunsystemzusammenbruch, ausgelöst durch den Liebesverlust, wäre sie den Röteln, die ihre Kinder zur selben Zeit auch hatten und überlebten, vielleicht nicht erlegen. Susettes Tod setzt Hölderlin extrem zu, er leidet. Er verliert sie nun nicht nur endgültig, sondern fühlt sich wahrscheinlich auch schuldig am Tod der Geliebten. Das ist die These von Pierre Bertaux. Für einen Theologen wie Hölderlin, der an das Metaphysische glaubte, ist Leiden Strafe. Hat Hölderlin, der sich am Tod der Susette schuldig gefühlt hat, darum die letzten fünfunddreißig Jahre seines Lebens im Turm zugebracht, weil er sich selber die Strafe und Buße eines Eremitendaseins auferlegt hat? Das Dasein im Turm als Selbstbestrafung? Hat Hölderlin die zweite „Hälfte des Lebens" – „Weh mir, wo nehm' ich, wenn / Es Winter ist, die Blumen, und wo / Den Sonnenschein / (…)" – die Nacht und Umnachtung im Turm – Hyperion: „so lange die Sonne nur scheint und Diotima, so gibt es keine Nacht für mich" – darum auf sich genommen, weil er durch die Schuld und den Verrat an der nicht gelebten Liebe, die Liebe und Susette zerstört hat? War die gefühlte Schuld an der Zerstörung Grund für seine spätere Verstörung, die Diagnose und die Jahre im Turm? All das wissen wir nicht. In jedem Fall begegnen wir im Komplex Hölderlin/Susette, Hyperion/Diotima dem Wesen des Tragischen auf vielfältige Weise. Wir begegnen einer schuldlosen Schuld, wie hätte Hölderlin diese Liebe leben und retten können? Und wir begegnen einer irrationalen Schuld. Doch davon später. Wir werden diesen Faden im nächsten Kapitel, wenn es um Casablanca, um Rick und Ilsa geht, wieder aufnehmen. Jetzt drehen wir die Uhr noch einmal zurück. Zurück in den Juli 1796, in dem Hölderlin und Susette zwei glückliche Sommermonate vergönnt sind. Susette, ihre vier Kinder, zwei Verwandte, Susettes Gouvernante und Hölderlin fliehen vor den heranrückenden Franzosen nach Kassel, später dann nach Bad Driburg. Susettes Ehemann bleibt in Frankfurt und kümmert sich um seine Bank und die Geschäfte. So nah wie in diesen Monaten werden sich Hölderlin und Diotima nie mehr sein. Ein Jahr später, 1797, als bereits vieles anders war und die Nähe des Sommers nur mehr Erinnerung, schreibt Hölderlin an die Göttinnen des Schicksals, „An die Parzen":

„Nur einen Sommer gönnt, ihr Gewaltigen! / Und einen Herbst zu reifem Gesange mir, / Daß williger mein Herz, vom süßen / Spiele gesättiget, dann mir sterbe. // Die Seele, der im Leben ihr göttlich Recht // Nicht ward, sie ruht auch drunten im Orkus nicht; / Doch ist mir einst das Heilige, das am / Herzen mir liegt, das Gedicht, gelungen, // Willkommen dann, o Stille der Schattenwelt! / Zufrieden bin ich, wenn auch mein Saitenspiel / Mich nicht hinab geleitet; Einmal / Lebt ich, wie Götter, und mehr bedarfs nicht." (F. Hölderlin 1982b, S. 36 f.)

Das Saitenspiel, das Hölderlin nicht hinabgeleitet, er bekommt seine Susette, seine Diotima nicht wieder, ist ein Trauerspiel und ein Klagelied, das die Götter erweichen soll. Es ist das Spiel und das Lied, das Orpheus gesungen hat, als er Eurydike verlor. Es ist ein Spiel, das sich letztlich jedem vorspielt, der ein geliebtes Wesen verliert. Als Eurydike von einer Schlange gebissen wurde, starb, in die Unterwelt kam und Orpheus seine Geliebte nicht mehr fand, spielte er auf seiner Lyra und sang eine Elegie. Das hörten die Götter und es erweichte sie. Orpheus durfte in den Hades, um Eurydike zu befreien. Es gibt Versionen dieser Erzählung, da gelingt die Befreiung, in der populären Narration gelingt sie nicht. Es kommt etwas dazwischen. Es tritt erneut etwas zwischen die Liebenden, diesmal nicht Hades und der Tod, sondern vielleicht Sehnsucht, vielleicht Angst und Eifersucht, vielleicht Feigheit, vielleicht Überdruss und Hochmut, wir wissen es nicht. Im Hades nimmt Orpheus Eurydike an der Hand und will die Unterwelt mit ihr verlassen. Das darf er auch, die einzige Bedingung ist, dass er sich nicht nach Eurydike umdreht. Das vermag Orpheus nicht. Er dreht sich um und verliert Eurydike für immer. Warum hat sich Orpheus umgedreht? Darüber ist man sich uneins. Die einen, vermutlich die Romantiker, behaupten, er hat so große Sehnsucht nach seiner Geliebten gehabt, dass er es nicht ertragen konnte, sie nicht zu sehen, sie nicht zu küssen und zu berühren, er wollte ihr gleich ganz nahe sein. Andere sagen, es war eine andere Sucht, nicht Sehnsucht, sondern Eifersucht. Das sagen die Psychopathologen. Orpheus hat zu wenig Vertrauen in Eurydike gehabt, sie wäre ihm schon gefolgt, der Kontrollblick zurück war Zeichen seines Misstrauens. Wer seine Frau kontrolliert, der verliert sie. Auch wenn es stimmen mag, dass sich im Hades nicht gerade das unattraktivste Publikum aufhält und tolle Helden und Männer dort unten sind, die Eifersucht also vielleicht doch nicht ganz unbegründet war, Orpheus hätte einfach vertrauen müssen. Die Eifersucht ist im Übrigen ein sehr spannendes Phänomen, das verschiedenste Aspekte und Realitätsgrade hat. Zwischen real begründeter – keiner will ein geliebtes Wesen an einen Konkurrenten verlieren – und pathologischer Eifersucht, die keinen Anhalt und Anlass im Realen hat, ist der Übergang fließend. Natürlich leidet der Eifersüchtige wie ein Hund, oder eher wie ein Wurm, denn in der Eifersucht wird der Eifersüchtige zum Wurm. Das ist kein großes Gefühl, im Gegenteil, man fühlt sich klein und mickrig. Groß ist der Konkurrent, der wird erhöht, vom Eifernden selber oder vom geliebten Wesen, das mit einem anderen liebäugelt. Als groß und wertvoll wird auch das zu verlierende Objekt, das geliebte Wesen, erlebt oder ausgestattet. Das kann auch ein Motiv für die Eifersucht sein, zumindest bei der Eifersucht, von der die Pathologen sagen, sie sei unbegründet. Der Eifernde stattet seine Partnerin mächtig aus und überhöht sie in der Eifersucht, sie ist so schön und attraktiv, dass hinter jeder Ecke ein Werber lauert. Diese Überhöhung der Partnerin wird gleichzeitig auch zur Erhöhung des Eifersüchtigen. Ich habe darum eine so tolle Frau, die alle wollen und begehren, weil ich selbst auch groß, attraktiv und toll bin. Die schöne Trophäe schmückt und erhöht den Besitzer der

Trophäe. Was wäre Orpheus ohne seine Eurydike? Kein Mensch würde von ihm erzählen. Es war weder Sehnsucht noch Eifersucht, warum er zurückblickte, es war viel banaler, sagen wiederum andere. Orpheus hat, nachdem er die Götter besiegte und dort hin durfte, wo sonst kein Sterblicher Zutritt bekommt, einfach das Interesse an Eurydike verloren. Was braucht er jetzt noch eine Frau, nachdem er nun erfahren hat, dass er selbst die Götter ums Ohr wickeln kann. Das Verbot des Blicks zurück kam ihm sehr recht, eine gute Gelegenheit, ohne Gesichtsverlust auszusteigen – natürlich wird betont, das war das unbewusste Motiv. Das würde Orpheus nur nach jahrelanger Couch-Erfahrung zugeben. Eine ganz andere Erklärung, warum es mit den Liebenden nichts wurde, hat Phaidros in seiner Erosrede in Platons Symposion gegeben. Wenn wirklich geliebt wird, dann lassen die Götter die Seelen aus der Unterwelt wieder los, denn die Götter wollen „den Eifer und die Tüchtigkeit in der Liebe vorzüglich ehren. Orpheus aber, den Sohn des Oeagros, schickten sie unverrichteter Sache aus der Unterwelt zurück, indem sie nur die Erscheinung der Frau ihm zeigten, um derentwillen er gekommen war, nicht aber sie selbst ihm gaben, weil er ihnen weichlich zu sein schien wie ein Spielmann und nicht das Herz zu haben, der Liebe wegen zu sterben wie Alkestis, sondern sich lieber ausgedacht hatte, lebend in die Unterwelt einzugehen." (Platon 2006, S. 239) Orpheus, ein Spielmann und weichlicher Schwächling, der nicht bereit war, um der Liebe willen zu sterben.

Letztlich kann man es nicht wissen, warum Liebesgeschichten zu Ende gehen, auf jeden Fall wissen wir nicht, warum sich Orpheus umgedreht hat. Darüber können wir nur spekulieren. Aus Liebesspielen werden manchmal Trauerspiele, Klagelieder, und die Seele, die diesen Verlust erlebt, wird zum Saitenspiel in Moll. Wahrscheinlich gehört der Verlust eines geliebten Wesens mit zum Schlimmsten, das es im Leben gibt. Wäre die Liebe nicht so schön, wäre sie nicht alles, gäbe es nicht den Schmerz und das Nichts bei ihrem Verlust. Wer nicht bereit ist, alles zu verlieren, der wird die Liebe nie erfahren. Wie heißt es doch bei Goethe: „Alles gaben Götter, die unendlichen, / Ihren Lieblingen ganz, / Alle Freuden, die unendlichen, / Alle Schmerzen, die unendlichen, ganz." (J. W. Goethe 2008, S. 7) Liebende, als würden sie ahnen, dass alles, was sie verbindet, auch einmal nicht mehr ist, sagen sich oft Dunkles und nehmen die Nacht und das Ende ihrer Beziehung im dunkel Gesagten vorweg. „Die Prinzessin und der Fremde begannen zu reden wie von alters her, und wenn einer redete, lächelte der andere. Sie sagten sich Helles und Dunkles" steht im Roman „Malina", der nach Ingeborg Bachmann eine einzige Anspielung auf Gedichte ist. Eine ganze poetische Korrespondenz hat sich zwischen Ingeborg Bachmann und Paul Celan entsponnen, die auch einmal Liebende waren. „Im Spiegel ist Sonntag, / im Traum wird geschlafen, / der Mund redet wahr. // Mein Aug steigt hinab zum Geschlecht der Geliebten: / wir sehen uns an, / wir sagen uns Dunkles, wir lieben einander wie Mohn und Gedächtnis, / wir schlafen wie Wein in den Muscheln, / wie das Meer im Blutstrahl des Mondes. // Wir stehen umschlungen im Fenster, sie sehen uns zu von der Straße: / es ist Zeit, daß man weiß! (…)" (P. Celan 1994, S. 33) Bachmanns Antwort? „Dann wird es bald sein, sagte der Fremde, sprich weiter! Es wird in einer Stadt sein und in dieser Stadt wird es in einer Straße sein, fuhr die Prinzessin fort, wir werden Karten spielen, ich werde meine Augen verlieren, im Spiegel wird Sonntag sein. Was sind Stadt und Straße? Fragte der Fremde betroffen. Die Prinzessin geriet ins Staunen, sie sagte: Aber das werden wir bald sehen, ich weiß nur die Worte dafür, doch wir werden es sehen, wenn du mir die Dornen ins Herz treibst, vor einem Fenster werden wir stehen, (…)" (I. Bachmann 1997, S. 69) Anspielungen auf Reales, Imaginiertes, Liebe und Tod. Im Spiegel ist Sonntag, weil immer Sonntag im Spiegel ist, wenn man erwartend den Liebenden empfängt. Zwischen Bachmann und Celan steht aber auch Vernichtung, Ende und Tod. Wenn die Liebe bedroht ist, spielt Orpheus sein Lied. Bachmann – „Dunkles zu sagen":

„Wie Orpheus spiel ich / auf den Saiten des Lebens den Tod / und in die Schönheit der Erde / und deiner Augen, die den Himmel verwalten, / weiß ich nur Dunkles zu sagen. // (…) // Und ich gehör dir nicht zu. / Beide klagen wir nun. // Aber wie Orpheus weiß ich auf der Seite des Todes das Leben, / und mir blaut / dein für immer geschlossenes Aug." (I. Bachmann 1999, S. 42) Aus Liebesspielen werden manchmal Trauerspiele, Klagelieder und die Seele, die diesen Verlust erlebt, wird zum Saitenspiel. Es gibt aber auch andere Gründe, warum die Seele zum Saitenspiel wird, aber immer hat das dann etwas mit der Sehnsucht, vielleicht auch der Sehnsucht nach Liebe zu tun.

„An der Brücke stand / jüngst ich in brauner Nacht. / Fernher kam Gesang: / goldener Tropfen quoll's / über die zitternde Fläche weg. / Gondeln, Lichter, Musik – / trunken schwamm's in die / Dämmerung hinaus (…) // Meine Seele, ein Saitenspiel, / sang sich, unsichtbar berührt, / heimlich ein Gondellied dazu, / zitternd vor bunter Seligkeit. / – Hörte jemand ihr zu? … " (F. Nietzsche 1994, S. 34)

Versöhnung: „Spiel's noch einmal, Sam"

Der Film „Casablanca", der vom American Film Institute zum besten Liebesfilm aller Zeiten gekürt wurde, ist Thriller, antifaschistischer Propagandafilm und Liebesfilm in einem. Die erzählte Geschichte handelt von einer tragischen Liebe in einer Zeit, in der die Welt zusammenbricht, von Wertkonflikten, der Heilung einer alten Wunde und einer Versöhnung. Casablanca berichtet von einer Liebe, die trotz Ende und Endlichkeit eine Ewigkeit kennt. Damit wird eine Erfahrung beschrieben, welche die beiden vorangehenden Kapitel, das Lustspiel mit dem Schönen und das Trauerspiel beim Verlust des Schönen, ergänzt, vielleicht sogar zur Synthese und Versöhnung bringt. Um das zeigen zu können, muss der Film in einer kurzen Skizze nacherzählt und drei Schlüsselszenen durch die Originaldialoge wiedergegeben werden.

Ilsa Lund – Ingrid Bergmann – und der tschechische Widerstandskämpfer Viktor László betreten den Nachtclub „Ricks Café Américain" und setzen sich an einen Tisch. Kurz danach setzt sich der korrupte französische Polizeichef von Casablanca, Kapitän Renault, zu László und Ilsa. Im Hintergrund ist Musik zu hören. Ilsa fragt Renault: „Kapitän, der Mann, der da Klavier spielt, den muss ich schon mal gesehen haben. Renault: „Sam, er kam aus Paris mit Rick." Verstört fragt Ilsa nach: „Rick, wer ist Rick?" Renault: „Mademoiselle, Sie sind hier bei Rick und Rick ist …" Ilsa: „Ist was?" Renault: „Rick ist der Typ Mann, in den ich mich, wenn ich eine Frau wäre und es mich nicht gäbe, ich mich verlieben würde. (…)" Irgendwann, als László an der Bar etwas mit einem Unterhändler bespricht, der ihm und Ilsa zur Flucht nach Amerika helfen soll, denn nur dort ist der Widerstandskämpfer wirklich sicher, geht Ilsa zum Klavier und lässt Sam holen, den sie aus Paris und der Zeit mit Rick kennt.

„Hallo Sam", „Hallo Miss Ilsa", sagen sie zur Begrüßung. Sam: „Ich habe nicht damit gerechnet, Sie wiederzusehen." Ilsa: „Es ist lange her, Sam." Sam: „Ja, Ma'am, und es ist viel inzwischen passiert." Ilsa: „Spiel ein paar von den alten Liedern, Sam." Sam: „Ja, Ma'am." Sam spielt. Ilsa: „Wo ist Rick?" Sam: „Ich weiß nicht, ich hab ihn den ganzen Abend nicht gesehen." Ilsa: „Weißt du, wann er zurückkommt?" Sam: „Heute Abend nicht mehr, bestimmt nicht. Er ist nach Hause gefahren." Ilsa: „Geht er immer so früh nach Hause?" Sam: „Nein Ma'am, er hat ein Mädchen im blauen Papagei, da geht er immer hin, wissen Sie." Ilsa: „Früher hast du viel besser gelogen, Sam." Sam dreht sich empathisch zu Ilsa und hört auf, Klavier zu spielen. Sam: „Lassen Sie ihn bitte in Ruhe, Miss Ilsa, Sie bringen ihm Unglück." Ilsa: „Spiel es noch einmal, Sam, zur Erinnerung an damals." Sam: „Ich weiß nicht, was Sie meinen, Miss Ilsa." Ilsa: „Spiel es, Sam. Spiel As Time Goes By." Sam: „Das kann ich gar nicht mehr, Miss Ilsa, schon ein bisschen eingerostet." Ilsa: „Ich summ es dir vor." Ilsa summt … Sam gibt dem Drängen nach und spielt, … „Sing es, Sam" … Sam singt: „You must remember this / A kiss is just a kiss, a sigh is just a sigh. / The fundamental things apply / As time goes by. / And when two lovers woo / They still say, „I love you. " / On that you can rely / No matter what the future brings / As time goes by. " Dann tritt Rick plötzlich erzürnt ans Klavier. „Ich habe dir doch gesagt, du sollst das nie wieder spielen." Sam deutet auf Ilsa, die Rick mit weit geöffneten Tränenaugen anstarrt. Sprachlos, hypnotisch und stumm stehen Ilsa und Rick voreinander. Dann wird die Szene unterbrochen. Kapitän Renault und Viktor László treten dazu. Es ereignet sich vieles, was jetzt nicht nacherzählt werden soll. Später sitzt Rick betrunken in seiner durch widrige Umstände geschlossenen Bar. Sam ist bei ihm, er spielt unmotiviert am Klavier, er will Rick überreden, ein paar Tage mit ihm wegzufahren, Urlaub zu machen, sich zu betrinken, da Ilsa Lund nach

Jahren wieder aufgetaucht ist und das Rick ziemlich zusetzt. „Nicht zu fassen, von allen Bars der ganzen Welt (…) kommt sie ausgerechnet in meine", sagt Rick. „Was spielst du da?" Sam: „Nichts Besonderes, es ist von mir." Rick: „Lass es, du weißt, was ich hören will." Sam: „Nein, weiß ich nicht." Rick: „Du hast es für sie gespielt, dann kannst du es auch für mich spielen." Sam: „Mir fällt die Melodie nicht mehr ein." Rick: „Wenn sie es ertragen kann, kann ich es auch. Spiel es." Sam: „Ja, Boss." Sam spielt, in Rick steigen die Erinnerungen an Paris auf. Es war eine schöne Zeit, eine Zeit der Liebe und des Glücks, die Zeit von Rick und Ilsa. „Ausgerechnet wenn die ganze Welt zusammenbricht, müssen wir uns verlieben", sagte Ilsa damals in Paris zu Rick, als die Deutschen vor den Toren der Stadt standen, man von Weitem schon Bomben hören konnte und sie sich zum letzten Mal sahen. In den 1930er-Jahren hatte Rick Waffenschmuggel für das von Italien angegriffene Äthiopien betrieben und auf der Seite der Republikaner im Spanischen Bürgerkrieg gekämpft. Paris war kein sicherer Ort mehr für ihn. Sie beschlossen, die Stadt am nächsten Tag zu verlassen. Wenige Szenen später ist Rick am Bahnhof zu sehen, es regnet, Sam kommt, sie sind in Eile, er konnte Ilsa nicht finden, zu Hause bei ihr lag nur ein Brief mit den Zeilen: „Richard, I cannot go with you or ever see you again. You must not ask why. Just believe that I love you. Go my darling and good bless you. Ilsa."

Ilsa Lund und Viktor László sind wie so viele andere darum in Casablanca gelandet, weil sie sich auf der Flucht vor den Nazis nach Amerika retten wollen. Viktor László ist den Nazis schon mehrmals entflohen und war sogar einmal aus einem KZ entkommen. Er war berühmt-berüchtigte Ikone des antifaschistischen Kampfes und hatte mehrere Widerstandsbewegungen in ganz Europa geprägt. Ilsa und László mussten weg aus Europa und auch aus Casablanca, in dem die Deutschen aufgrund der Kollaboration mit der französischen Vichy-Regierung großen Einfluss und im Grunde das Sagen hatten. Lissabon war der große Auswanderungshafen, aber nicht jeder konnte direkt nach Lissabon gelangen und so entstand eine Route, auf der die Flüchtlinge mühsam über Casablanca mit dem Flugzeug nach Lissabon und von dort mit dem Schiff weiter die Freiheit Amerikas zu erreichen versuchten. Dafür waren Transitvisa notwendig. Am Tag vor dem Eintreffen von Ilsa und László wurden zwei deutsche Kuriere erschossen, die Transitvisa bei sich hatten. Durch einen Zufall kam Rick in den Besitz dieser Visa, das sprach sich in Casablanca herum. Zuerst versuchte Viktor László, die Papiere von Rick zu bekommen, danach Ilsa.

Rick tritt in seine Wohnung, in die Ilsa eingedrungen ist und auf ihn wartet. Mit scharfem Ton sagt Rick: „Wie bist du hereingekommen?" Ilsa: „Über die Treppe von der Straße aus." Rick: „Ich hab dir heute morgen ja prophezeit, dass du kommst, aber dass du so vorzeitig kommst, hätte ich nicht gedacht. Bitte setz dich." Ilsa: „Richard, ich muss mit dir sprechen." Rick: „Ich bin also wieder Richard und wir sind in Paris. Dein unerwarteter Besuch hängt nicht zufällig mit den Transitvisa zusammen? Mir scheint, solange ich die Papiere habe, werde ich nie einsam sein." Ilsa: „Du kannst jeden Preis verlangen, aber du musst mir diese Transitvisa geben." Rick: „Das habe ich alles bereits mit deinem Mann durchgenommen, nichts zu machen." Ilsa: „Ich weiß, wie du über mich denkst, aber ich bitte dich, lass das jetzt mal beiseite. Es geht um etwas Wichtigeres." Rick: „Muss ich mir wieder anhören, was für ein großartiger Mensch dein Mann ist, für welche bedeutende Sache er kämpft?" (Ilsa dreht sich genervt und verärgert zur Seite, sieht Richard dann an) Ilsa: „Es war früher auch einmal deine Sache, auf deine Weise hast du für dasselbe gekämpft wie er." Rick: „Aber jetzt kämpf ich für nichts mehr, nur noch für mich selbst. Ich bin die einzige Sache, an der ich interessiert bin." (wendet sich ab und geht zum Fenster) Ilsa geht ihm nach und sagt mit feuchten Augen: „Richard, wir haben uns einmal geliebt. Wenn dir diese Tage irgendetwas bedeutet haben, dann (…)" Rick fällt ihr ins Wort: „Ich würde an deiner Stelle nicht wieder von Paris anfangen, das ist eine schlechte Verkaufstechnik." Ilsa: „Bitte hör mich an, Richard. Wenn du wüsstest, was damals passiert ist, wenn du die Wahrheit (…)" Rick: „Ich würde dir nicht glauben, ganz gleich, was du erzählst, du sagst jetzt doch alles, um die Papiere zu bekommen." (Rick wendet sich wieder weg von Ilsa, will sich was zum Trinken nehmen.) Ilsa ist verärgert und zornig, sie geht ihm nach und sagt: „Du willst dich bemitleiden, nicht wahr, wo so viel auf dem Spiel steht, denkst du nur an dich, nur an deine Gefühle. Eine Frau hat dir wehgetan und du rächst dich dafür an der ganzen Welt. Du bist ein Feigling, ein Schwächling (weint kurz, fasst sich wieder und wischt sich die Tränen von der Wange). Nein, Richard, bitte entschuldige, verzeih mir, aber du bist unsere letzte Hoffnung, wenn du uns nicht hilfst, wird Viktor László in Casablanca sterben." Rick: „Na wenn schon, ich werde auch in Casablanca sterben, ist doch ein guter Platz dafür." (Rick dreht sich weg und zündet sich eine Zigarette an, Ilsa dreht sich ebenfalls weg und geht Richtung Fenster.) Rick dreht sich zu Ilsa: „Wenn du jetzt (…)", Rick hält mit verstörtem Blick inne. Ilsa steht mit einer Pistole auf Richard zielend da und sagt: „Na gut, ich habe mich bemüht. Ich wollte dich überzeugen, jetzt will ich diese Visa. Hol sie mir." Rick: „Die brauch ich nicht zu holen, die hab ich bei mir." (deutet auf seine Brusttasche) Ilsa: „Leg sie auf den Tisch." Rick: „Nein." Ilsa: „Zum letzten Mal, leg sie auf den Tisch." Rick: „Wenn dir László und die Sache so viel bedeuten, wirst du vor nichts zurückschrecken. Gut, ich werde es dir leichter machen." (geht in Richtung Ilsa und bleibt so stehen, dass der Revolver direkt vor seiner Brust ist) „Na los, schieß schon, du tust mir damit einen Gefallen." Ilsa: „Richard, ich wollte dir fern bleiben." (Eine dicke Träne quillt aus ihrem linken Augenlid.) „Ich dachte, ich würde dich nie wieder sehen, dass du verschwunden bist aus meinem Leben." (Die Träne rinnt dick und langsam über ihre Wange. Ilsa dreht sich weinend weg. Richard geht zu ihr, sie dreht sich um und fällt in seine Arme.) Schluchzend sagt Ilsa: „Wenn du wüsstest, was ich durchgemacht habe an dem Tag, als du Paris verlassen hast. Wenn du wüsstest, wie ich dich geliebt habe. Wie ich dich noch immer liebe." Dann küssen sie sich. Durch einen sehr raffinierten Schnitt blendet die Szene über in eine dreieinhalb Sekunden lange Einstellung, welche den Flughafentower bei Nacht und seinen kreisenden Scheinwerfer zeigt. Nach diesen Sekunden, die suggerieren, da ist viel Zeit vergangen, was auch immer Rick und Ilsa in der Zwischenzeit gemacht haben mögen, es bleibt alles offen (vgl. dazu S. Žižek 2008, S. 110 f.), kehrt der Film wieder zur vorigen Einstellung in Ricks Zimmer zurück. Rick steht am Fenster, raucht eine Zigarette und dreht sich zu Ilsa ins Zimmer. Sie ist gerade dabei zu berichten, was damals in Paris geschehen ist. Warum sie nicht wie verabredet mit Rick gegangen ist. Rick: „Und dann?" Ilsa: „Kurz nachdem wir geheiratet haben, ging Viktor zurück in die Tschechoslowakei. Sie brauchten ihn in Prag, aber dort wartete die Gestapo auf ihn. Nur zwei Zeilen in der Zeitung: Viktor László verhaftet und in ein Konzentrationslager gebracht. Ich war wie von Sinnen. Monatelang bemühte ich mich um eine Nachricht. Dann kam sie, er war tot. Erschossen bei dem Versuch zu fliehen. Ich war so einsam. Ich hatte nichts, ich hatte nicht einmal Hoffnung." (sieht Rick an) Ilsa: „Und dann kamst du." Rick: „Warum warst du nicht ehrlich zu mir? Warum hast du mir deine Ehe verheimlicht?" Ilsa: „Es war nicht mein Geheimnis, Richard, Viktor hat es so gewollt. Nicht einmal unsere engsten Freunde wussten davon, dass wir verheiratet waren. Auf diese Weise wolle er mich schützen. Ich wusste so viel über seine Arbeit und wenn die Gestapo erfahren hätte, dass ich seine Frau bin, dann wäre es für mich und für alle, die mit ihm zusammengearbeitet hatten, lebensgefährlich gewesen." Rick: „Wann hast du erfahren, dass dein Mann noch lebt?" Ilsa: „Unmittelbar bevor wir gemeinsam Paris verlassen wollten. Ein Freund kam und sagte mir, dass Viktor noch lebt. Sie hatten ihn in einem Vorort von Paris in einem Güterwagen versteckt. Er war krank, er brauchte mich. Ich wollte es dir sagen, aber ich wagte es nicht, ich wusste, du hättest Paris nicht ohne mich verlassen und die Gestapo hätte dich gefasst. (Ilsa fährt sich mit beiden Händen ins Haar.) Ja, den Rest kennst du." Rick: „Aber es ist noch immer eine Geschichte ohne Schluss. Wie geht's jetzt weiter?" Ilsa: „Jetzt, ich weiß nicht. Ich weiß nur, dass ich nie die Kraft haben werde, dich noch einmal zu verlassen." Rick: „Und László?" Ilsa: „Jetzt wirst du ihm helfen, nicht wahr? Du wirst dafür sorgen, dass er hier rauskommt. Dann hat er wieder seine Arbeit, alles, für das er gelebt hat." Rick: „Er hat alles, bis auf eins, er wird dich nicht haben." (Ilsa lehnt ihren Kopf zärtlich an Ricks Hals) Ilsa: „Ich kann nicht mehr dagegen ankämpfen. Ich bin einmal von dir weggelaufen, noch mal schaff ich's nicht." (fährt sich verzweifelt durchs Haar) Ilsa: „Ach, ich weiß nicht mehr, was richtig ist. Du wirst für uns beide denken müssen, für uns beide." Rick: „Na gut, das werde ich. Ich seh dir in die Augen, Kleines." Ilsa: „Ich wünschte, ich würde dich nicht so lieben, Richard." Plötzlich wird es laut, sein Buchhalter und Geschäftsführer, der ebenfalls im Untergrund für den Widerstand kämpft, tritt mit dem an der Hand verletzten Viktor László in Ricks Bar. Sie waren auf einer Versammlung, mussten jedoch fliehen, weil die Polizei Wind davon bekam. Rick geht die Treppen seiner Wohnung in die Bar hinunter, ruft seinen Freund und Geschäftsführer zu sich, er möge Ilsa heimlich und von László unbemerkt in ihr Hotel begleiten, dann tritt Rick zu Viktor László und es entspinnt sich ein kurzer und spannender Dialog, der von der Polizei unterbrochen wird. Viktor László wird verhaftet. Am nächsten Tag geht Rick zu Kapitän Renault und schlägt ihm einen Deal vor. Er solle Viktor László vorübergehend laufen lassen und ihn später aus einem schwerwiegenderen Grund verhaften. Rick würde ihm die Transitvisa geben und Kapitän Renault könnte ihn mit den Visa in der Hand festnehmen und für die Beihilfe am Mord an den zwei deutschen Kurieren anklagen, denen die Visa ursprünglich gehörten. Damit könne er bei den Nazis punkten und Rick sei László für immer los, der ohnehin nur die Liebe zwischen ihm und Ilsa behindere. Die ganze Inszenierung und Verhaftung soll am Abend in Ricks Bar geschehen. Kapitän

Renault stimmt dem listigen Plan zu. Ilsa wusste nicht, warum Viktor László freikam. Rick hatte Ilsa gesagt, dass Viktor László nun dringend fliehen müsse und die Visa für den Flug nach Lissabon bekommen würde. Vermutlich hat er auch gesagt, dass sie und er dann in Casablanca zusammenbleiben würden. Viktor gegenüber sollte Ilsa jedoch sagen, dass sie beide die Visa bekämen und gemeinsam nach Lissabon fliegen würden. All das wird nicht genau erzählt und erschließt sich im Film nur indirekt. Ilsa solle auf jeden Fall mit Viktor am Abend in seine Bar kommen. Es kommt aber alles anders am Abend in der Bar und der eigentliche, nur Rick selbst bekannte Plan wird ergriffen. Ilsa und Viktor treten in die Bar, Rick übergibt die Visa, Kapitän Renault kommt aus dem Hintergrund und will Viktor verhaften. Nicht so eilig, meint Rick und zieht den Revolver. Rick bedroht und nötigt Kapitän Renault, am Flughafen anzurufen und den Abflug zu arrangieren, dann fahren Rick, Ilsa, Viktor László und Kapitän Renault zum Flughafen. Rick zwingt Renault mit der Waffe in der Manteltasche, seinen Anweisungen zu folgen.

Das Auto mit Ilsa, Viktor László, Kapitän Luis Renault und Rick fährt am Flughafen vor. Sie steigen aus. Rick: „Luis, einer Ihrer Leute begleitet Monsieur László und kümmert sich um sein Gepäck. Sicher, Rick, es geschieht alles, was Sie sagen." (Renault gibt diese Anweisung an einen Flughafenbeamten weiter, der gemeinsam mit László zum Flugzeug geht. Ilsa, Rick und Renault stehen vor der Flughafenhalle) Rick gibt Renault die Transitvisa und sagt: „Wenn Sie nichts dagegen haben, tragen Sie die Namen ein, das macht die Sache sogar noch amtlicher." Renault: „Sie denken aber auch an alles." Rick: „Und die Namen lauten Mister und Mrs. Viktor László." Renault nimmt die Papiere und geht zu einem Tisch, Ilsa wendet sich verwundert Rick zu: „Warum mein Name, Richard?" (Rick und Ilsa sind nun im Closeup zu sehen) Rick: „Weil du mit der Maschine fliegen wirst." Ilsa: „Ich verstehe nicht, und was ist mit dir?" Rick: „Ich bleibe hier bei Renault, bis die Maschine in der Luft ist." Ilsa: „Nein, Richard, nein, was ist mit dir, gestern Abend hast du gesagt (...)" Rick fällt Ilsa ins Wort: „Gestern Abend haben wir eine ganze Menge gesagt, du hast gesagt, ich muss für uns beide denken, das habe ich getan und bin zu dem Entschluss gekommen, dass du in das Flugzeug steigst mit Viktor, denn du gehörst (...)" Ilsa: „Nein, Richard, nein (...)" Rick: „Du musst jetzt auf mich hören, hast du eine Ahnung, was dir bevorsteht, wenn du hier bleibst? Es ist so gut wie sicher, dass wir beide in einem Konzentrationslager enden. Habe ich recht, Luis?" Kapitän Renault: „Ich fürchte, Major Strasser wird darauf bestehen." Ilsa: „Das sagst du nur, damit ich gehe." Rick: „Nein, ich sage es, weil es wahr ist. Im Grunde wissen wir beide genau, dass du zu Viktor gehörst. Du bist ein Teil seiner Arbeit, du gibst ihm Kraft weiterzumachen, wenn du jetzt nicht mit ihm gehst, wirst du es bereuen." Ilsa: „Nein." Rick: „Vielleicht nicht heute, vielleicht nicht morgen, aber bald, und dann bis an dein Lebensende." Ilsa sieht Rick kopfnickend und zärtlich in die Augen: „Und was wird aus uns?" Rick: „Uns bleibt immer Paris. Wir hatten es nicht bis zu dem Moment, als du nach Casablanca kamst. Wir haben es gestern Abend zurückgewonnen." Ilsa: „Da habe ich dir gesagt, ich würde dich nie wieder verlassen." Rick: „Das wirst du auch nicht. Aber ich habe auch etwas zu erledigen und wo ich hingehe, kannst du nicht mitkommen, dabei kannst du mir nicht helfen. Ich passe nicht in eine noble Rolle. Aber zu der Erkenntnis, dass die Probleme dreier Menschen in dieser verrückten Welt völlig ohne Belang sind, gehört nicht viel. Eines Tages wirst du das verstehen."

Der Rest der Geschichte ist bekannt. Noch einmal zurück zu der Gesprächssequenz, um die es uns geht. Rick: „Uns bleibt immer Paris. Wir hatten es nicht bis zu dem Moment, als du nach Casablanca kamst. Wir haben es gestern Abend zurückgewonnen. Ilsa: „Da habe ich dir gesagt, ich würde dich nie wieder verlassen." Rick: „Das wirst du auch nicht." Die Liebesgeschichte endet damit und sie endet auch nicht. Die Liebe bleibt für immer, das leistet die Versöhnung. Real wäre die Beziehung zwischen Ilsa und Rick nach der Wiederbegegnung in Casablanca vielleicht möglich gewesen, das hätte allerdings, so wie die Ereignisse gelaufen sind, verlangt, dass Viktor László hätte geopfert werden müssen und das wäre ein Opfer gewesen, das früher oder später wahrscheinlich auch die Liebe zwischen Rick und Ilsa vergiftet hätte. Das haben sie vermutlich geahnt und zum Opfer von Viktor – Viktor, dem Sieger – waren sie nicht bereit. Man kann die Liebe nicht auf dem Unglück und dem Leid eines anderen aufbauen, man kann für das eigene Glück nicht einen Dritten opfern, das verträgt echte Liebe nicht. Dazu sind beide zu idealistisch und die Sache von Viktor, der antifaschistische Kampf, zu wichtig. Die Liebe real leben würde heißen, das Ideal des Widerstands preiszugeben. Was „Casablanca" zeigt, das sind mehrere Dinge. Es zeigt, dass es trotz der Erfahrung der Endlichkeit der Liebe auch eine Ewigkeit der Liebe in und durch die Trennung einer Beziehung geben kann. Eine Ewigkeit in der Endlichkeit. „Uns bleibt immer Paris", Ilsa wird Rick, wird Paris nie wieder verlassen und er wird nie wieder verlassen werden. Was in Paris war, ihre Liebe, ist nun ewig, das war sie vor ihrer Versöhnung nicht.

„Casablanca" zeigt aber auch noch etwas anderes. Es zeigt, dass das Leben hin und wieder eine tragische Dimension haben kann und die Protagonisten eines Trauerspiels dann vor eine Entscheidung gestellt werden, die sie existenziell schuldig werden lässt. Es geht nicht um eine juristische Schuld. Ilsa ist nicht zu verurteilen, weil sie sich in Paris für ihren verwundeten Mann entschieden hat, im Gegenteil, man hätte sie aber auch nicht verurteilen können, wenn sie Viktor László verlassen hätte und Rick gefolgt wäre. Die Schuld, die Ilsa auf sich geladen hat, laden musste, ist keine juristische und schon gar nicht eine moralische Schuld. Ilsa ist existenziell schuldig geworden. Leben heißt schuldig werden, eine Wahl zu treffen, etwas einzuschließen und etwas anderes auszuschließen, einen Wert zu ergreifen, ihn zu realisieren und einen anderen Wert nicht zu leben, ihn zu Grabe zu tragen. Tragisch wird es dann, wenn sich zwei gleichermaßen hohe und positive Werte gegenüberstehen. Bei Ilsa die Liebe zu Rick und die Liebe zu ihrem Mann. Was tun? Die elektrisierende Liebe, die totale Anziehung und mögliche Zukunft mit Rick leben oder die väterlich-freundschaftliche Liebe und Verantwortung ihrem verwundeten Mann gegenüber. Das war die Situation in Paris. Wie immer Ilsa handelt, sie macht sich existenziell schuldig. Max Scheler hat aus neuzeitlicher Sicht das Wesen des Tragischen als Konflikt zweier gleich hoher Werte gedeutet. „Tragisch ist an erster Stelle der Widerstreit, der unter den Trägern hoher positiver Werte selbst erwacht (…). Tragisch ist der ‚Konflikt', der innerhalb der positiven Werte und ihrer Träger selbst waltet." (M. Scheler 1915, S. 130) Das Wesen des Tragischen ist die schuldlose Schuld. Schuldlos werden Ilsa, Rick und Viktor László vom Zweiten Weltkrieg und den widrigen Umständen getroffen. Auch dass sich die Situation zweimal so zuspitzt, dass Ilsa und Rick vor die Frage gestellt werden, ob sie die Liebe leben oder Viktor László retten sollen, diese Frage trifft Ilsa in Paris und Rick in Casablanca schuldlos, sie haben sich diese Situation nicht ausgesucht. Schuldig werden sie in jedem Fall durch die Wahl, die sie treffen. Das haben Rick und Ilsa im Übrigen mit Hölderlin und Susette Gontard gemein. Was Rick und Ilsa vermochten, ihre Liebe trotz Trennung in der Ewigkeit zu wissen, denn dass, was war und sie mit ihrem Leben versöhnte, Paris, kann ihnen niemand mehr nehmen, es ist in Ewigkeit, das war Hölderlin und Susette nicht vergönnt. Auch wenn es den Standesunterschied und viele andere, die Liebe zwischen Susette und Hölderlin verhindernde Faktoren gab, haben sich der arme Dichter und die Frau aus reichem Haus durch ihre die Liebe abtötende Wahl existenziell schuldig gemacht. Wie soll ein Theologe, Dichter und Hauslehrer, der sich selber kaum ernähren kann, eine Bankiersfrau mit vier Kindern durchbringen. Das ist heute ein Problem und war es gegen Ende des 18. Jahrhunderts umso mehr. Dennoch, auch hier ein tragischer Konflikt. Schuldlos trifft Hölderlin und Susette der Pfeil des Eros. Man kann nicht bestimmen, wenn man vom Pfeil getroffen wird, man kann sich auch nicht zwingen, sich in jemanden zu verlieben, Liebe geschieht passiv, man wird getroffen oder nicht, das drückt sich in der Metapher des Pfeils ja aus. Ist man getroffen, dann kann man dieses Gefühl maximal abtöten. Das ging im Falle von Hölderlin und Susette nicht, dazu war zu viel zwischen ihnen, zu viel an gemeinsamer Welt. Die Verliebtheit trifft sie schuldlos. Schuld laden sie dadurch auf sich, dass sie die Liebe nicht leben, dass sie die Liebe „nur einen Sommer lang" leben. Aber auch im für das 18. Jahrhundert unrealistischen Fall, dass sie der Liebe trotz des Standesunterschiedes und der Unmöglichkeit, sich ihre Beziehung zu finanzieren, gefolgt wären, hätten sie sich am Zerbrechen der Ehe und am Zerstören der Familie schuldig gemacht. Diesem tragischen Konflikt und der existenziellen Schuld war nicht auszuweichen. Alles Tragische hat die Struktur der „schuldlosen Schuld" (Hegel). Auszuweichen war diesem Konflikt nicht, ausweichen hätten Hölderlin und Susette vielleicht dem Ende ihrer Liebe können, damit hätten sie eine andere Tragik auf sich genommen. Vielleicht muss man das Tragische dieser Liebe aber auf einer ganz anderen Ebene suchen. Nicht im Konflikt zweier gleich hoher Werte, im Fall Susettes der Konflikt, entweder eine leidenschaftlich-poetische Liebe zu leben oder diese Liebe abzutöten und für das Zusammenbleiben der Familie Sorge zu tragen, sondern, was vielleicht bei Hölderlin als Hintergrundmotiv wirkte, im Versuch, dem Tragischen zu entgehen, der darin bestand, sich zu trennen, da es unerträglich war, täglich zu sehen, was er nie haben wird, und durch diesen Versuch, sich und sein Herz zu retten, erst die Dynamik des Tragischen in Gang zu setzen. Damit sind wir bei ganz dunklen Schicksalsspielen und der Wesensstruktur der antiken Tragödie. Ob man Dramen im Leben vermeiden kann, oder aber ob der Versuch, das Tragische zu vermeiden, die Tragödie erst herbeiführt, ist eine ungeklärte Frage.

Heimspiel: Schicksal und Freiheit

In der antiken Tragödie „König Ödipus" ist die Frage nach Schicksal, Vorbestimmtheit und die Möglichkeit der Freiheit behandelt worden. Zwei Mal hat ein Orakelspruch, der das wiedergibt, was durch die Götter und das Schicksal vorgezeichnet ist, eine negative Prophezeiung, und der Versuch, das Prophezeite nicht eintreten zu lassen, der Versuch, etwas zu vermeiden, die tragische Dynamik im Leben des Ödipus erst in Gang gesetzt. Aischylos, Sophokles und Euripides haben diese Geschichte mit jeweils anderen Akzenten erzählt. König Laios und seine Frau Iokaste aus Theben erwarten ein Kind und befragen daraufhin das Orakel, das zu verstehen gibt, wenn ein Sohn geboren wird, tötet dieser den Vater und heiratet die Mutter. Der Sohn kommt zur Welt. König Laios veranlasst daraufhin einen Diener, Ödipus auszusetzen und zu töten. Mit durchstochenen und zusammengebundenen Beinen wird Ödipus (Oidipus „Schwellfuß" oder Oidipous „der, der alles weiß" – übersetzen manche) im Kithairongebirge ausgesetzt und Hirten, die den Jungen finden, bringen ihn nach Korinth. Dort gelangt Ödipus zu König Polybos und seiner Gattin Merope, die bis dahin kinderlos geblieben sind und den Kleinen aufziehen. Als Ödipus in die Pubertät kommt, macht ein Betrunkener auf einem Fest eine zweideutige Anspielung zu seiner Herkunft: Polybos und Merope seien nicht seine wirklichen Eltern. Jetzt will es Ödipus genau wissen und befragt seinerseits das Orakel. Er will wissen, wer er ist. Diese Antwort bleibt das Orakel schuldig, sagt aber, dass er seinen Vater ermorden und seine Mutter zur Frau nehmen werde. Aus Angst, die Prophezeiung könnte wahr werden, beschließt Ödipus, nicht mehr nach Korinth zu gehen und macht sich auf den Weg nach

Theben. Dadurch tritt ein, was einst der Vater und dann der Sohn vermeiden wollten. Auf dem Weg nach Theben kommt es an einer Weggabelung zu einem Streit zwischen Ödipus und einem fremden Wagenlenker. Weil Ödipus zu langsam den Weg frei macht bzw. der Wagenlenker zu ungeduldig ist, tötet der Kutscher ein Pferd vom Wagen des einst ausgesetzten Knaben. Da bricht im Sohn des Laios und der Iokaste Zorn hervor. Es kommt zum Kampf und Blutrausch, bei dem auch der Wageninsasse, der König Laios ist, was Ödipus nicht weiß, ums Leben kommt. Kreon, der Bruder von Iokaste, übernimmt daraufhin die Herrschaft in Theben, das zur selben Zeit von einer Sphinx bedroht wird und alle Vorbeikommenden, die ihr Rätsel nicht lösen können, tötet und verschlingt. Kreon verspricht demjenigen, der das Rätsel löst und damit die Stadt von der Tyrannei der Sphinx befreit, den Thron und seine verwitwete Schwester Iokaste zur Frau. Ödipus bricht den Bann des Rätsels und dadurch erfüllt sich, was dem Vater und dem Sohn prophezeit wurde. Zwei Mal ereignet sich eine ähnliche Dynamik. Der Versuch dem Schicksal zu entgehen, lässt es Wirklichkeit werden. Alle Bemühungen, das Eintreffen dessen zu vermeiden, wovor sie Angst hatten, führen das, was vermieden werden sollte, allererst herbei. Beide, Vater und Sohn, sind nicht so schicksalsgläubig und dem Fatum ergeben, dass sie aus der Weissagung den Schluss gezogen hätten, egal wie sie handeln würden, sie haben keine Chance und beide sind sie aber nicht so ungläubig gegenüber der Möglichkeit der Vorbestimmtheit und der Wahrheit des Orakels, dass sie das Prophezeite einfach ignoriert hätten. „König Ödipus" ist eine Erzählung, die mit dem Thema Schicksal und Freiheit spielt. Der Mensch scheint vorbestimmt und frei zu sein und im Spalt zwischen Schicksal und Freiheit ereignet sich das Tragische. Peter Szondi beschreibt die Struktur des Tragischen, wie sie im „König Ödipus" zutage tritt, als die Einheit von Rettung und Vernichtung. „Wie kein anderes Werk erscheint der König Ödipus in seinem Handlungsgewebe von Tragik durchwirkt. Auf welche Stelle im Schicksal des Helden der Blick sich auch heftet, ihm begegnet jene Einheit von Rettung und Vernichtung, die ein Grundzug alles Tragischen ist. Denn nicht Vernichtung ist tragisch, sondern daß Rettung zu Vernichtung wird, nicht im Untergang des Helden vollzieht sich die Tragik, sondern darin, daß der Mensch auf dem Weg untergeht, den er eingeschlagen hat, um dem Untergang zu entgehen." (P. Szondi 1961, S. 65)

Hätten sich Iokaste und Laios gesagt, gut, dann ist es eben so, das Schicksal hat vorgesehen, dass uns unser Sohn vernichtet, dann, folgt man der Erzähllogik, dann hätte sich das Tragische vermutlich nicht ereignet. Hätte sich Ödipus gesagt, dem Fatum kann man nicht entgehen, was soll es, dann wäre er zurück nach Korinth und Laios und Iokaste vielleicht nie begegnet. All das weiß man nicht, die Geschichte hat sich so ergeben, wie sie sich ereignet hat. Vielleicht wäre der Untergang auch ohne Versuch sich zu retten, durch eine andere Wendung eingetreten, vielleicht hätte sich das Schicksal dann eine andere Variante überlegt, wie sich die Prophezeiung erfüllen kann. Die antike Fassung des Tragischen stellt sich also nicht wie neuzeitlich bei Max Scheler als Konflikt zweier gleich hoher Werte dar, und stellt den Menschen vor die Wahl und tragische Entscheidung, durch die Realisierung des einen Wertes den anderen zu vernichten, sondern als Spiel zwischen dem von den Göttern bestimmten und dem, wie sich Menschen, wenn sie das Vorbestimmte erahnen oder irgendwie Kunde davon bekommen, dazu verhalten. Es ist also nicht die freie Wahl zwischen zwei gleich hohen Werten, worin das Tragische besteht, sondern das Verhältnis zwischen Schicksal und freier Wahl überhaupt, welches das Wesen des Tragischen in ihrer antiken Version bestimmt. Das Verhältnis zwischen transzendentaler Vorbestimmtheit und Freiheit, die Antinomie zwischen metaphysischer Bestimmung und freier Wahl ist das Thema der antiken Tragödie. Wo der metaphysische Raum unbesetzt bleibt, die Transzendenz schweigt und die Götter verstummen, somit nur noch Pflanzen, Tiere und Menschen übrig bleiben, stellt sich auch das Tragische anders dar. Wo nur noch der

Mensch und die freie Wahl übrig bleiben, da liegt das eigentlich Tragische in der Qual der Wahl, die Qual, wenn zwischen zwei gleichwertigen Dingen gewählt werden muss. Der neuzeitlichen Version des Tragischen fehlt damit der Geist des Schauers und der Erhabenheit, das ist der Preis, den man in der Moderne für die metaphysische Obdachlosigkeit zahlt. Es gibt keine bösen Mächte und Geister mehr, das scheint ein Gewinn der modernen Weltentzauberung zu sein, doch hat die Entzauberung, die durch die Moderne in die Welt kam, nicht nur den Bann des schaurigen Zaubers gebrochen, sondern auch den Engeln, den Feen und andern guten Geistern den Garaus gemacht. Ob man in der nackten und entkleideten Welt der Fakten, Daten, Tatsachen und Zahlen heimisch werden kann, ob man in einer Welt ohne Geister und metaphysischen Spielplan wirklich spielen kann, ob es in so einer Welt noch wirkliche Schicksalsspiele geben kann, Schicksalsspiele im Guten wie im Schlechten, das ist die große Frage, die sich jeder stellen muss. Denn man kann sich entscheiden, in was für einer Welt man leben möchte. Über den rechten Umgang mit dem Schicksal und wie man sich zum Lauf der Dinge positionieren soll, haben in der Antike viele nachgedacht. In der Philosophie der Stoa hatten solche Meditationen eine große Bedeutung. Bei den Stoikern, die nahezu ein halbes Jahrtausend den abendländischen Geist immer wieder befruchtet haben, gab es geradezu einen Schicksalsenthusiasmus. Nicht, dass es ein Schicksal gibt, das man nicht abändern kann, ist das Tragische, sondern wirklich tragisch wird es, wenn man versucht, sich gegen das Schicksal zu stellen, oder wenn man mit seinem Schicksal hadert. Epiktet, der Sklave war und nach seiner Freilassung zum Stoiker wurde, hat einmal gemeint: „Verlange nicht, daß das, was geschieht, so geschieht, wie du es wünschst, sondern wünsche, daß es so geschieht, wie es geschieht, und dein Leben wird heiter dahinströmen." (Epiktet 2006, S. 15). Man kann das Schicksal nicht ändern, daher muss man es annehmen und sich ihm hingeben. Marc Aurel, der mit seinen Selbstbetrachtungen das letzte bedeutende Zeugnis der stoischen Philosophie hinterlassen hat und wie Epiktet zur jüngeren Stoa gerechnet wird, sieht das ähnlich: „Ergib dich ohne Widerstand deinem Schicksal und lass mit dir tun, was immer ihm beliebt." (M. Aurel 2006, S. 146) Es gibt mindestens zwei Gründe, warum in der stoischen Philosophie diese Dinge mit einer solchen Leichtigkeit gesagt werden. Erstens ist es wichtig, dass man, wenn man im Leben Glückseligkeit erlangen möchte, eine unerlässliche Grundunterscheidung trifft. <u>Man muss unterscheiden, was in den Freiheitsbereich und was in den Schicksalsbereich des Lebens fällt.</u> Diese Fundamentaleinteilung der Dinge in jene, die in der Macht des Menschen stehen, und jene, worüber wir Menschen nicht verfügen können, nannte Epiktet dihairesis. Es gibt eine ganze Reihe von Dingen, die wir nicht gewählt haben und die wir nicht beeinflussen können. Keiner hat gewählt, ob er als Junge oder Mädchen zur Welt kommt, niemand hat bestimmt, mit welchen Begabungen und Talenten er ins Sein tritt, in welcher körperlichen Konstitution und wie gesund oder krank einer geboren wird, ob er zwei oder eineinhalb Meter groß werden wird, ob im Mittelalter oder in der Postmoderne, oder ob er/sie als Sohn oder Tochter eines Königs oder als Kind eines Bettlers geboren wird – wobei Letzteres nichts über Lebensglück und Lebendigkeit suggerieren soll. In der Existenzphilosophie hat man all die Dinge, die nicht in die Wahl des Menschen fallen, der Geworfenheit zugerechnet. Neben der Geworfenheit gibt es die Dimension des Entwurfs, die in der Philosophie der Stoa all jene Dinge meint, die in der Macht des Menschen liegen. Dazu gehören die Vorstellungen, die Triebe, die Begierden, Abneigungen, Vorlieben … kurz all jenes, das wir selber steuern und beeinflussen können. Eines der Hauptprobleme des unglücklichen Lebens ist es, keine saubere Trennung zwischen diesen zwei Seinsbereichen zu machen. Wenn man diese Unterscheidung nicht genau macht, dann verschwendet man nicht nur sehr viel Lebensenergie, sondern man tritt auf der Stelle und das Leben verliert an Lebendigkeit. Man hadert dann unter Umständen mit Dingen, die niemals in der eigenen Macht standen, man klagt über Sachen und Begebenheiten, bei denen es keinen Sinn hat zu klagen, da es nicht in der eigenen Macht steht, etwas zu ändern. Unter Umständen geht durch diese sinnlose Klagehaltung dem Leben wertvolle Energie verloren. Energie, die einem dann fehlt, um alle Kraft auf die Bereiche seines Lebens zu lenken, die in der eigenen Machtsphäre stehen. Gegenüber dem Schicksal muss und kann man sich nur hingeben, es ist hinzunehmen, was geschieht, wo man nicht anders kann als hinzunehmen. Was sich ändern lässt, soll geändert werden. So einfach ist die Lehre der Stoa. Der zweite Grund, warum in der stoischen Philosophie diese Gelassenheit den Dingen und dem Schicksal gegenüber gepflegt und gelebt wird, ist der, und damit sind wir vielleicht beim wichtigsten Grund für die Leichtigkeit der stoischen Seinsauffassung, dass es letztlich das Schicksal gut mit einem meint. Das Schicksal, die Heimarmene, wie Cicero es im Rückgriff auf die Griechen nennt (Cicero 2006, S. 151), ist wirkliche Heimat, auch dann, wenn es zunächst nicht danach aussieht. Es ist gut, so wie es ist, oder irgendwann wird zumindest alles gut sein. Über den Ereignissen waltet ein göttlicher Logos, eine Ordnung, und die Samen dieser Ordnung, der logos spermatikos, das Ejakulat Gottes, findet sich in allen Begebenheiten und Dingen der Welt. „(...) alles durchwaltet Harmonie, und wie aus allen Körpern zusammengenommen die Welt zu einem vollendeten Körper zusammengesetzt wird, so wird auch aus allen wirkenden Ursachen eine vollendete ursächliche Kraft, das Schicksal, zusammengefügt. (...) Das ist Schickung. Also wurde es uns geschickt oder zugeordnet. Deshalb wollen wir solche Schickungen so annehmen wie die Mittel, die Asklepios verordnet. Schmecken auch viele von ihnen bitter, so nehmen wir sie doch, weil wir gesund werden wollen. Stell dir vor, was die Allnatur (der Logos, Anm. von mir) festlegt, um das Ziel zu erreichen, sei etwas Ähnliches wie die Gesundheit. Dann kannst du alles, was geschieht, auch wenn es dir noch so hart erscheint, annehmen und willkommen heißen, weil es eben zum Ziel führt, nämlich zur Gesundheit der Welt und zur Wohlfahrt und zum glücklichen Wirken des höchsten Gottes." (M. Aurel 2006, S. 146 f.) Sollte es im Leben trotz waltender Allnatur, trotz des gerechten Logos, der über allem wirkt, einmal ganz unerträglich werden, dann bleibt einem, so meinte einst Seneca, immer noch die Möglichkeit des Freitodes. Im letzten Kapitel werden wir auf diese Möglichkeit zurückkommen. Im Grunde, das ist die stoische Idee der Heimarmene, meint es die Vorsehung aber gut mit einem. Der Weise unterscheidet sich vom Toren eben darin, dass er erkennt, dass die Vorsehung nur das Beste für einen will, auch wenn es zunächst nicht so aussieht. (vgl. M. Pohlenz 1992, S. 106) Vielleicht kann man das Tragische vermeiden, wenn man sich auf das Spiel des Lebens einlässt und nicht versucht zu erkennen, was gespielt wird. Es gibt keinen Grund, den Sinn und den Plan des Spiels zu erkennen, denn das Spiel ist in jedem Fall eines, das es gut mit einem meint. Vielleicht besteht das Tragische im Leben darin, dass man versucht, den Sinn der Spielregeln zu erkennen, mit der Absicht zu erkennen versucht, dass man das Spiel zu seinen Gunsten verändert. Vielleicht endet die Bestrebung, das Tragische zu vermeiden, auch darum tragisch, weil das Leben dabei viel zu ernst genommen wird. [All das weiß ich nicht, Hannah, das musst du selber herausfinden.] Vielleicht ist es auch so, dass das Tragische immer nur eine vorübergehende Zwischenansicht ist und nie einen bleibenden und Bestand habenden Abschlussbefund darstellt, so wie Baudelaire einmal gesagt haben soll: „Am Ende wird alles gut, solange es noch nicht gut ist, ist es noch nicht am Ende." Für die Stoiker sind es letztlich nie die Dinge selbst, die uns zusetzen, sondern nur die Meinungen und Anschauungen, die wir von den Dingen haben. (vgl. Epiktet 2006, S. 11) Die Freiheit des Geistes, die freie Stellungnahme, die nicht vorherbestimmte Bedeutung, die wir den Geschehnissen, die um uns passieren, beimessen, ist es, was uns gegenüber dem Schicksal, auch wenn es noch so hart sein mag, prinzipiell erheben kann. Was sich über die Dinge denken lässt, wie wir handeln sollen und wie wir leben können, das erfahren wir von der Philosophie. Seneca: „Die Philosophie ist keine Beschäftigung für jedermann und nicht geeignet, öffentlich zur Schau gestellt zu werden. Sie besteht nicht aus Worten, sondern aus Taten. Sie dient auch nicht dazu, den Tag in angenehmer Unterhaltung zu vertun und uns die Zeit zu vertreiben. Sie bildet und gestaltet die Seele, ordnet das Leben, regelt die Handlungen und zeigt uns, was zu tun und zu lassen ist. Sie steht am Steuer und gibt uns den richtigen Kurs durch die Gefahren der Wellen an. Ohne sie kann niemand furchtlos und sorgenfrei leben. Unzähligen geschieht in jeder Stunde, was Rat verlangt, den man sich von ihr holen muss." (Seneca 2006, S. 63) Die Philosophie kann zwar nicht bestimmen, woher und wohin uns der Wind des Lebens bläst, aber sie kann dazu beitragen, dass man die Segel so setzt und in den Wind richtet, dass man die Inseln und Länder, die man entdecken möchte, auch sicher erreicht. Auch wenn das Leben hin und wieder zum Sturm wird und man dann die Segel besser einholt und wartet, bis die Wetterlage wieder freundlicher ist, vermag einen die Philosophie durch diesen Sturm zu leiten. Das war zumindest die traditionelle Hoffnung, die an die Philosophie geknüpft wurde: So viel vom Sein und von der Wirklichkeit zu erkennen, das wenn das Sein und die Wirklichkeit schon nicht verändert werden können, sich mit der richtigen Einstellung zu den Dingen alles ertragen lässt und es in diesem Sinne kein Scheitern geben kann, weil einen nichts vom Kurs des Lebens abbringt. Wenn man scheitert, das legt ja die expressiv-etymologische Bedeutung des Wortes nahe, dann läuft das Boot oder Schiff, auf dem man sich befindet, auf einen Felsen auf und zerlegt sich in seine einzelnen Bestandteile, in Bretter und Scheite – man scheitert. Wer gescheit ist, achtet auf seine Ziele und kommt dadurch nicht vom Kurs seines Lebens ab. Diese Achtsamkeit und Genauigkeit für den eigenen Weg leistet die Philosophie. Ob man auf diesem Weg dem Tragischen begegnet, ob man den Träumen seiner Jugend treu bleibt oder ob man untergeht, das hängt nur bedingt von der Wahl und Freiheit des einzelnen Menschen ab. Für all das, was nicht in unserer Macht liegt, hat man die Namen Heimarmene, Moira, Kismeth, Fatum oder Schicksal geprägt.

Ob unserem Anfangen in der Welt etwas vorausgeht, eine böse Prophezeiung wie bei Ödipus, eine metaphysische Vorhabe, etwas, was durch Vererbung und Anlage bestimmend und prägend wirkt, oder ob unserem individuellen Beginn in der Welt nichts vorausgeht, ist weniger entscheidend als das, was Anfang und Anfangenkönnen eigentlich bedeutet. Hannah Arendt hat über das Anfangen und Initiativwerden nachgedacht. Dabei hat sie der Philosophie einen sehr problematischen Befund ausgestellt. Sie hat einmal gemeint, dass die abendländische Philosophie geburtsvergessen sei. Es gibt unendlich viele Diskurse über die Vorsehung, das Schicksal und den Tod, und fast jeder große Denker hat etwas zum Thema Endlichkeit und Vergänglichkeit beigetragen, doch die allerwenigsten haben jemals etwas zum Thema der Geburt und des Anfangens gesagt. Mit Ausnahme des Sokrates, dessen Mutter Hebamme war und der das Modell und die Metapher der Mäeutik, der Hebammenkunst und der Geburtshilfe, für das Gebären im Geistigen, für das philosophische Gespräch und das Zur-Sprache-Bringen dessen, was zur Sprache kommen möchte, verwendet hat. Ich möchte Peter Sloterdijks Poetikvorlesung „Zur Welt kommen – Zur Sprache kommen" (1988) in diesem Zusammenhang erwähnen. Dass sich so wenige Philosophen mit dem Anfangen und Zur-Welt-kommen beschäftigt haben und stattdessen den Fokus lieber auf das Ende richteten, bzw. wenn das Anfangen zum Thema gemacht wurde, dann maximal durch die Frage, ob dem Anfang so etwas wie eine Vorsehung vorausgeht, liegt vielleicht daran, dass die großen Philosophen Männer waren, und Männer, wenn es um die Geburt geht, keine wesentliche Rolle spielen. Das dürfte der Grund für die von Arendt diagnostizierte Geburtsvergessenheit der abendländischen Philosophie sein. Nicht viel besser steht es mit den Psychotherapeuten. Wenn sie etwas über die Geburt und den Anfang des Lebens sagen, dann klingt das auch nicht gerade wie eine Lobeshymne auf die Tatsache der Natalität. Der Psychoanalytiker Otto Rank beispielsweise hat durch sein Buch „Das Trauma der Geburt" den Versuch unternommen, die Angst des Kindes während des Geburtsvorgangs zum Prototyp jeder Form der Angst zu erklären und gemeint, unter Umständen könne die Gesamtheit des Seelenlebens eines Menschen mit dem Geburtstrauma zusammenhängen. Eine erfolgreiche Psychotherapie wäre demnach die Abreaktion des Geburtstraumas, und jede Lust gründet letztlich in dem Wunsch, dorthin zurückzukehren, wo wir hergekommen sind, in den Schoß. (H. F. Ellenberger 1970, S. 1137) Ganz anders hat Hannah Arendt über den Anfang, das Anfangenkönnen und über die Metapher der Geburt gesprochen. „Weil jeder Mensch auf Grund des Geborenseins ein initium, ein Anfang und Neuankömmling in der Welt ist, können Menschen Initiative ergreifen, Anfänger werden und Neues in Bewegung setzen. (…) Dieser Anfang, der der Mensch ist, insofern er Jemand ist, fällt keinesfalls mit der Erschaffung der Welt zusammen; das, was vor dem Menschen war, ist nicht Nichts, sondern Niemand; seine Erschaffung ist nicht der Beginn von etwas, das, ist es erst einmal erschaffen, in seinem Wesen da ist, sich entwickelt, andauert oder auch vergeht, sondern das Anfangen eines Wesens, das selbst im Besitz der Fähigkeit ist, anzufangen: Es ist der Anfang des Anfangs oder des Anfangens selbst. Mit der Erschaffung des Menschen erschien das Prinzip des Anfangs (…) in der Welt selbst und wird ihr immanent bleiben, solange es Menschen gibt; was natürlich letztlich nichts anderes sagen will, als dass die Erschaffung des Menschen als eines Jemands mit der Erschaffung der Freiheit zusammenfällt." (H. Arendt 1998, S. 215 f.) Weil wir initiativ werden können, einen Anfang setzten können, können wir durch diesen Anfang den Lauf der Dinge bis zu einem gewissen Grad ändern und verändern. Weil jeder Mensch anfangen und initiativ werden kann, verkomplizieren sich und verweben sich die menschlichen Angelegenheiten zu ineinander verstrickten Lebensgeschichten. Die Geschichte im Großen, die Historie, wie die Geschichte im Kleinen, die Biografie eines Menschen, ist das, was initiativ werdende Menschen hervorbringen. Wobei es für die, die in der jeweiligen Situation und Gegenwart ihrer Geschichte stehen, eine andere Unmittelbarkeit und Nähe bedeutet als für die, die diese Geschichte dann irgendwann erzählen. Dabei spielt es keine Rolle, ob man selber der Erzähler seiner Geschichte ist oder ob ein anderer, ein Biograf oder Historiker die Narration und das, was geschehen ist, wiedergibt. Erst wenn es einen Abstand zum Erlebten und Erfahrenen gibt, dann gibt es die Möglichkeit, eine Geschichte zu erzählen. In dieser dann erzählten Geschichte gibt es keinen Ursprung mehr für die geschehenen Ereignisse. Die Bedingung dafür, dass man eine Geschichte erzählen kann, das hat man in den Märchen durch die Einleitung „Es war einmal" unterstrichen, ist die, dass man an den Ursprung nicht herangelangt und aus ontologischen Gründen nie herangelangen kann. Denn wenn der Anfang von etwas in der Fähigkeit des Anfangenkönnens liegt, dann liegt der Ursprung von etwas immer in der Möglichkeit des Anfangs, und der Grund für einen Anfang im Unbekannten. Die Erzählung über den Ursprung des Anfangs einer Geschichte kann immer wieder neu angefangen werden, damit liegt jeder Anfang im Unbekannten. Man könnte dies auch so ausdrücken: Immer dort, wo wir den Ursprung von etwas nicht genau kennen, haben wir das Bedürfnis, eine Geschichte zu erzählen. In der Geschichte legen wir uns Rechenschaft über den Beginn einer Sache ab. Diejenigen, die in dieser Geschichte standen, an der unvordenklichen Front und Offenheit der Ereignisse standen, die so nah und unmittelbar in die begonnenen Geschehnisse verwickelt waren, dass ihnen der Anfang nie zugänglich war, und diejenigen, die diese Geschichte aus einem Abstand heraus erzählen, die Historiker und Biografen, teilen dasselbe Los. Sie erreichen und kennen den Ursprung der Geschichte, in der sie standen und die erzählt werden will, nicht. Die einen waren zu nah und die anderen sind zu fern. Der Historiker ist in diesem

Sinne, wie Schlegel einmal meinte, und dasselbe ließe sich vom Biografen und Autobiografen sagen, ein „rückwärtsgewendeter Prophet", der rückwirkend etwas sieht, das diejenigen, die in der Geschichte standen, nicht sahen und sehen konnten. Ödipus und Laios haben und konnten das, was der Erzähler ihrer Geschichte sieht, nicht sehen, und das, was der Erzähler ihrer Geschichte sieht und deutet, das Wesen der Tragödie, dass ihr Untergang genau im Versuch bestanden hat, dem Untergang zu entgehen, ist nicht das, was Vater und Sohn in ihrer existenziellen Not, möglicherweise zu scheitern, erlebt haben und sich erst retrospektiv aus dem Ende der Geschichte, das damals noch offen war, als erzählbare Möglichkeit ergibt. Damit kehren wir an den Anfang des Kapitels und zur offenen Frage zurück: Kann man das Scheitern vermeiden? Ist die Wahrscheinlichkeit zu scheitern am größten, wenn man versucht, nicht zu scheitern? Ist die einzige Möglichkeit, die das Scheitern unmöglich oder erträglich macht, die, uns in das Spiel des Lebens und den Lauf der Dinge zu fügen, egal, welchen Unfug es zeitweise mit sich bringt? Werden wir nur dann heimisch in der Welt, wenn wir erkennen, die Welt ist ein Spiel, unser Spiel und das der Transzendenz? All das wissen wir nicht, das Einzige, das sich vielleicht mit aller Bescheidenheit und Bestimmtheit über das Verhältnis von Mensch und Welt, über die Verbindung von Ich und Transzendenz sagen lässt, ist vielleicht das, was Heidegger einmal so formulierte:

„‚Welt' ist der Titel für das Spiel, das die Transzendenz spielt. Das In-der-Welt-sein ist dieses ursprüngliche Spielen des Spiels, auf das ein jedes faktische Dasein sich einspielen muss, um sich abspielen zu können, derart, dass ihm faktisch so oder so mitgespielt wird in der Dauer seiner Existenz." (M. Heidegger 1928/29, S. 309 ff. u. S. 312; vgl. auch M. Heidegger 1992, S. 186 f. u. S. 188.)

Deus ludens: Gott ein Spieler

In einem Essay über das Leben als Spiel muss zumindest ein Kapitel vom ewigen Leben handeln. Dass bereits der prominente vorsokratische Philosoph Heraklit etwas darüber gesagt hat, macht den Einstieg leicht und geschmeidig. Heraklit: „Das ewige Leben ist ein Kind, spielend wie ein Kind, die Brettsteine setzend; die Herrschaft gehört einem Kind." (Heraklit DK 22 B 52, S. 281) Dass die Kinder an die Macht gehören und wir alle wie die Kinder werden sollen, wird von Pop-Poeten wie Herbert Grönemeyer und gläubigen Christen gleichermaßen behauptet. Dass aber das ewige Leben ein spielendes Kind sein soll, dürfte einer breiten Öffentlichkeit eher unbekannt sein, ist jedoch bei genauerer Betrachtung ein sehr weiser und feiner Gedanke. Vielleicht ist die Vorstellung, dass das ewige Leben ein spielendes Kind, die Transzendenz bzw. Gott ein Spieler ist, die erträglichste aller Jenseits- und Gottesvorstellungen. Zumindest ist diese Idee um einiges bekömmlicher und lebensdienlicher als die hoch pathologische Vorstellung vom strafenden Gott. Dass das ewige Leben bzw. der Weltenlogos spielt, wussten neben den Griechen auch die alten Kirchenväter. „Denn der erhabene Logos – er spielt. Mit buntesten Bildern schmückt er, wie's ihm gefällt, auf jegliche Weise den Kosmos." (G. v. Nazianz bei H. Rahner 2008, S. 25) Wenn Gott und der Logos ein Spieler ist, welche Aufgabe fällt dann seinem Ebenbild, dem Menschen, zu? Das ist leicht zu beantworten. Ist der Vater ein Deus ludens, dann soll sein Geschöpf zum Homo ludens werden. Bei Platon findet sich diese Bestimmung: „(…) seiner Natur nach sei aber Gott alles heilbringenden Ernstes wert, der Mensch dagegen, wie wir früher sagten, sei zu einem Spielzeug Gottes geschaffen, und das sei in Wahrheit das beste an ihm. Diesem Verhältnisse sich fügend und die möglichst schönsten Spiele spielend müsse jeder, Mann und Weib, so sein Leben verbringen, nach einer der jetzt herrschenden entgegengesetzten Ansicht." (Platon 1994, S. 372) Dass der Mensch sein Leben auch damit verbringen könnte, die ,schönsten Spiele zu spielen', ist, wie es scheint, nicht nur damals eine der öffentlichen Meinung entgegengesetzte Ansicht gewesen, sondern dürfte auch heute noch eine Idee sein, die dem Mainstream der Lebensentwürfe entgegenläuft. Wir müssen, oder besser gesagt dürfen, also unser Leben so verbringen, dass wir die „schönsten Spiele spielen", das muss wiederholt werden, das ist ein sehr befreiender Gedanke. Das Leben keine moralische Zwangsjacke, kein Pflichterfüllungsprogramm, das Leben: unser Spiel. Ich glaube mit dem Gedanken, dass Vater und Kind Spieler sind, könnten sogar die hartnäckigsten Atheisten und Metaphysikverweigerer leben. Es gibt natürlich sehr viele ehrenwerte Motive, die Idee eines höchst vollkommenen Wesens, das eidos des Guten, oder die Sache der Transzendenz zu kritisieren, aber oft wird mit der Kritik an unzureichenden und pathologischen Gottesideen das Kind – in unserem Fall „das ewige Leben, das spielende Kind" – mit dem Bade ausgeschüttet. Das ist schade, verlieren wir dadurch doch einen mächtigen Spielgefährten. Eine der ältesten überlieferten Gotteskritiken stammt von Xenophanes, einem Zeitgenossen Heraklits, den man der unteritalienischen Philosophenschule der Eleaten zurechnet. Bei Gottesvorstellungen handelt es sich meistens um Anthropomorphismen, so das Argument des Eleaten. Menschliche Eigenschaften werden auf Gott oder in die Transzendenz projiziert und scheinen von dort zurück, ohne dass man sich aber über diesen Projektions- und Reflexionsvorgang Rechenschaft ablegen würde, er geschieht nämlich weitgehend unbewusst. Vorsokratisch, aus dem Munde Xenophanes', klingt das so: „Die Äthiopier behaupten, ihre Götter seien stumpfnasig und schwarz, die Thraker, blauäugig und blond." (Xenophanes DK 21 B 16, S. 223) Oder: „Wenn aber die Rinder und Pferde und Löwen Hände hätten und mit diesen Händen malen könnten und

Bildwerke schaffen wie Menschen, so würden die Pferde die Götter abbilden und malen in der Gestalt von Pferden, die Rinder in der von Rindern, und sie würden solche Statuen meißeln, ihrer eigenen Körpergestalt entsprechend." (Xenophanes DK 21 B 15, S. 223) Das sind schwerwiegende und einleuchtende Argumente. Wenn der Mensch – und wer anders als der Mensch tut das? – etwas über das Göttliche oder die Transzendenz sagt, dann stattet er das Numinose mit anthropomorphen Zügen aus. Wie soll er auch anders? Im Falle der Behauptung, Gott sei ein Spieler und das ewige Leben ein Kind, das spielt, scheint es nicht anders zu sein. Ein feines Phänomen, das Spiel wird in die Transzendenz und Ewigkeit verlagert, würde Xenophanes wohl sagen. Doch warum soll der Mensch das tun? Warum soll er gerade Gott Spieleigenschaften andichten? Dafür gibt es kein Motiv. Für etliche Anthropomorphismen gibt es verständliche Gründe, nicht jedoch für das Spiel. Freud beispielsweise hat mit seiner Transzendenzdekonstruktion ein leicht nachzuvollziehendes psychologisches Motiv entlarvt, das in Grenzen durchaus seine Berechtigung hat, aber eben nur in Grenzen. Seine Überlegung: Das Kind hat einen Vater, natürlich auch eine Mutter, aber im Falle der Gotteskonstruktion spielt der Vater eine größere Rolle, zumindest beim Patriarchen Freud. Das Kind hat als hilfsbedürftiges, kleines Wesen in Gefahr- oder Angstmomenten die Eltern, insbesondere den Vater, den es rufen kann und der dem Kind, wenn es sich schutzlos fühlt, Geborgenheit und Sicherheit vermittelt. Aus demselben Grund, aus dem das Kind in Ohnmachtsituationen den Vater ruft, kommt es beim Erwachsenen zur Erfindung des großen himmlischen Vaters und dann zur Anrufung Gottes. Religion entsteht bei Freud aus dem Bedürfnis, Ohnmacht, Hilflosigkeit und Angst zu überwinden. „Wenn nun der Heranwachsende merkt, dass es ihm bestimmt ist, immer Kind zu bleiben, dass er des Schutzes gegen fremde Übermächte nie entbehren kann, verleiht er diesen die Züge der Vatergestalt, er schafft sich die Götter, (...). So ist das Motiv der Vatersehnsucht identisch mit dem Bedürfnis nach

Schutz gegen die Folgen der menschlichen Ohnmacht; die Abwehr der kindlichen Hilflosigkeit verleiht der Reaktion auf die Hilflosigkeit, die der Erwachsene anerkennen muß, eben der Religionsbildung, ihre charakteristischen Züge." (S. Freud 1927, S. 158) Bezeichnenderweise sagt Freud das in einem Text mit der Überschrift „Die Zukunft einer Illusion". Gott ist für Freud ein erhöhter und ins Jenseits projizierter Vater und nichts außerdem. Ontologisch gehört er zum Sein des Illusionären. Da jeder von uns Gott laut Freud nach dem Ebenbild des eigenen Vaters erschafft, und Religion ausüben heißt, eine infantile psychische Fixierung auszuleben, bedeutet das auch, dass „sein persönliches Verhältnis zu Gott (das jemand hat) von seinem Verhältnis zum leiblichen Vater abhängt, mit ihm schwankt und sich verwandelt". (S. Freud bei A. K. Wucherer-Huldenfeld 1994, S. 450) Das ist eine sehr verständliche Argumentation und hat als psychologistische Gotteskritik durchaus ihre Berechtigung. Wahrscheinlich gibt es viele Gottesvorstellungen, die diesen psychologistischen Anthropomorphismus aufweisen. Das Schutzbedürfnis als Creator Gottes, Gott als Instanz einer psychischen Abwehr, die Abwehr gegen Ohnmacht und Hilflosigkeit, das ist nachzuvollziehen. Was haben wir aber von einer Gottesvorstellung, die im Deus einen Spieler sieht, oder, wie es in einem Song von Faithless heißt, von einem Gott, der ein DJ ist? Im Übrigen dürfte es sich dabei um eine alte Vorstellung handeln. Gott ist ganz sicher ein DJ, aber einer, der tanzt, während sich die Welt abspielt. Hugo Rahner hat in seinem wunderbaren Buch „Der spielende Mensch" ein ganzes Kapitel zur Vorstellung des „Himmlischen Tanzspiels" geschrieben. Doch zurück zu unserer Frage. Was haben wir von einem spielenden Gott? Ist die Idee des Deus ludens auch psychologistisch zu entlarven? Oder ist die Idee einer Theologia ludens die einzige mögliche und das wirkliche Wesen der Transzendenz fassende Theologie? Spricht sich im Logos ludens, der die Welt regieren soll, das Transzendenzphänomen selbst aus, ist das Leben als Spiel gedacht, die Selbstauslegung des spielenden Lebens, das sich phänomengerecht zur Sprache bringt, oder ist das nur ein weiterer Anthropomorphismus? Lassen wir die Frage für den Augenblick noch unbeantwortet und sehen wir weiter, was es für populäre Transzendenznegationen gibt, um nach ihrer Darstellung und Rekonstruktion die Dekonstruktion der wichtigsten Atheismen zu wagen und mit Heidegger die These zu erhärten, dass die Welt das Spiel der Transzendenz ist.

Aus historisch-materialistischer Perspektive hat Marx argumentiert, dass Gott ein übles Betäubungsmittel, nämlich Opium, und zwar Opium für das Volk, sei. Was zu einem sehr populär gewordenen Schlachtruf avancierte. Gott ist ein Revolutionsnarkotikum, das die revolutionären Impulse und das Engagement zur Verbesserung der Welt lähmt, denn es wird in der Religion behauptet, dass die bessere Welt, das Paradies, ohnehin kommt und man nur bis zum Tod durchhalten müsse. Die Erlösung kommt, nicht im Diesseits, dafür aber im Jenseits, eine Umwälzung der bedrückenden Verhältnisse ist gar nicht notwendig. Religion ist daher „das Opium des Volks." (K. Marx 1843/44, S. 208) Als Opium ist die Religion ein Betäubungsmittel, das die auf Veränderung gerichteten Impulse lähmt, und gleichzeitig aber auch ein Schmerzmittel, das das Weh der Welt lindert, indem es Glück verspricht. Ein Glück, das später, spätestens nach dem Tod, eintritt. Für Marx ist dieses Versprechen eine Illusion und die Religion gehört aufgelöst, damit das Glück real werden kann. Gleichzeitig ist die Religion aber auch wirklicher Ausdruck der Sehnsucht nach einer besseren Welt. In die Religion geht das ehrliche Bedürfnis nach einer schöneren und besseren Welt ein, und die Religion ist damit auch der Protest gegen die Ungerechtigkeiten des Lebens. Die Religion wird damit zu einer sehr komplexen Angelegenheit. Sie ist ehrlicher Wunsch nach einem humaneren Dasein. Indem sie die Möglichkeit eines besseren Lebens denkt, protestiert sie gegen die bestehenden Verhältnisse, gegen Elend und Ungerechtigkeit und zeigt auf, es wäre auch etwas anderes denkbar. Indem die Religion aber die Erlösung vom Elend ins Jenseits verlagert, lähmt sie die auf Veränderung gerichteten Impulse im Diesseits und ist durch den Verweis, die Erlösung komme später, Opium, Betäubungsmittel und Revolutionsnarkotikum. Weil sie den Elenden, Geschlagenen, Geknechteten ein Glück für später verspricht, denn die Letzten werden ja die Ersten sein, ist sie Schmerzmittel, welches das Leiden an der Glücklosigkeit lindert. Im Originalton klingt die marxistische Religionskritik folgendermaßen: „Die Religion ist die allgemeine Theorie dieser Welt, ihr enzyklopädisches Kompendium, ihre Logik in populärer Form, ihr spiritualistischer Point-d'honneur, ihr Enthusiasmus, ihre moralische Sanktion, ihre feierliche Ergänzung, ihr allgemeiner Trost- und Rechtfertigungsgrund. Sie ist die phantastische Verwirklichung des menschlichen Wesens, weil das menschliche Wesen keine wahre Wirklichkeit besitzt. Der Kampf gegen die Religion ist also mittelbar der Kampf gegen jene Welt, deren geistiges Aroma die Religion ist. Das religiöse Elend ist in einem der Ausdruck des wirklichen Elends und in einem die Protestation gegen das wirkliche Elend. Die Religion ist der Seufzer der bedrängten Kreatur, das Gemüt einer herzlosen Welt, wie sie der Geist geistloser Zustände ist. Sie ist das Opium des Volkes. Die Aufhebung der Religion als des illusorischen Glücks des Volkes ist die Forderung seines wirklichen Glücks. Die Forderung, die Illusionen über seinen Zustand aufzugeben, ist die Forderung, einen Zustand aufzugeben, der der Illusionen bedarf. Die Kritik der Religion ist also im Keim die Kritik des Jammertales, dessen Heiligenschein die Religion ist. Die Kritik hat die imaginären Blumen an der Kette zerpflückt, nicht damit der Mensch die phantasielose, trostlose Kette trage, sondern damit er die Kette abwerfe und die lebendige Blume breche. Die Kritik der Religion enttäuscht den Menschen, damit er denke, handle, seine Wirklichkeit gestalte wie ein enttäuschter, zu Verstand gekommener Mensch, damit er sich um sich selbst und damit um seine wirkliche Sonne bewege. Die Religion ist nur die illusorische Sonne, die sich um den Menschen bewegt, solange er sich nicht um sich selbst bewegt. Es ist also die Aufgabe der Geschichte, nachdem das Jenseits der Wahrheit verschwunden ist, die Wahrheit des Diesseits zu etablieren." (K. Marx 1843/44, S. 208 f.)

Diese wunderbaren Zeilen, die Marx hier zu Papier brachte, verdanken sich Ludwig Feuerbach, der in seiner Auseinandersetzung mit dem Christentum die Einsicht in die Doppelbödigkeit der Religion als einerseits Ausdruck der Entfremdung und Verelendung und andererseits institutionalisierten Wunsch, die Entfremdung aufzuheben, als einer der Ersten beschrieben hat. Für Feuerbach ist Theologie eigentlich Anthropologie, und nicht Gott hat sich den Menschen nach seinem Ebenbild erschaffen, sondern umgekehrt erschafft sich der Mensch Gott nach seinem Ebenbild. Das Beste, was der Mensch hat und kann, die Fähigkeit zu lieben, anzuerkennen und wertzuschätzen, verlagert der Mensch in Gott und in die Religion, und übersieht dabei, dass die Liebe etwas im Menschen und für den Menschen Gemachtes ist. Über den Umweg der Liebe des Menschen zu Gott und von Gott zurück zu den Menschen und des Postulats, liebe deinen Nächsten, liebt der Mensch auch seinen Mitmenschen, zumindest theoretisch. Doch diesen Umweg über die Religion kann und soll sich der Mensch ersparen, dieser Umweg bewirkt einen Verschleiß der Liebeskräfte, könnte man mit Feuerbach sagen. Gott ist jedenfalls identisch mit dem Menschen. „Gott ist das offenbare Innere, das ausgesprochene Selbst des Menschen, die Religion ist die feierliche Enthüllung der verborgenen Schätze des Menschen, das Eingeständnis seiner innersten Gedanken, das öffentliche Bekenntnis seiner Liebesgeheimnisse." (L. Feuerbach 1841, S. 46) Die Liebe soll, so Feuerbach, ursprünglich vom Menschen auf den Menschen gerichtet sein und nicht als abgeleitete über den Umweg der Religion zum Menschen gelangen. Homo homini deus est, der Mensch ist dem Menschen Gott, es geht um die Menschenliebe und nicht um Gottesliebe, es geht um die Anbetung des Mitmenschen und nicht Gottes, es geht um das Ich und das Du, so Feuerbachs anthropologischer Atheismus (vgl. V. Spierling 1992, S. 260 f.). Brot und Wein sind nicht Leib und Blut Christi, sondern schulden sich der Arbeit des Mitmenschen. Wenn wir Brot und Wein zu uns nehmen, müssen wir nicht Gott, sondern unserem Mitmenschen danken, der seinen Leib durch die Tätigkeit des Herstellens von Brot und Wein einbrachte, so frei nach Feuerbach.

Im 19. Jahrhundert haben es die Götter schwer. Neben Feuerbach und Marx gab es da noch den Darwinismus und Nietzsche, die an der Gottesidee rüttelten. Götterdämmerung im Abendland, Nihilismus und die „Entwertung der obersten Werte", Totentanz und Vorwehen der „metaphysischen Obdachlosigkeit". In Europa, vorwiegend in den Städten, bricht der moderne Atheismus auf. Die alten Götter sind erkrankt und können ihrer Verwesung kaum mehr etwas entgegensetzen. Was zu den Zeiten Xenophanes' noch eine Außenseiterposition war – Gott als Projektion menschlicher Attribute von der Erde in den Himmel und Reflexion der Projektion aus dem Himmel auf die Erde – die man nicht ernst nehmen musste, wurde jetzt allmählich zu einer salonfähigen Argumentation und im 20. Jahrhundert durch die epidemieartige Verbreitung naturwissenschaftlicher Reduktionismen zur Grundüberzeugung: dass nämlich Gott tot ist. Wer mit populärdarwinistischen Schlüssen in die Vergangenheit blickt, sieht am Beginn seines Stammbaums keine Götter, sondern Affen. Man wähle selber, was für eine Herkunft man sich zuschreibt. Wer behauptet, er sei im historischen Längsschnitt betrachtet der Nachfahre eines Affen, dem kann man heute nicht einmal mehr einen Minderwertigkeitskomplex diagnostizieren, so verbreitet ist diese Anschauung mittlerweile. Noch in der ersten Hälfte des 19. Jahrhunderts wäre ganz klar gewesen, wer so etwas sagt, der leidet unter einer radikalen Selbstentwertung und an einem Minderwertigkeitswahn. Nietzsche wird dann nicht nur davon sprechen, dass wir Menschen Gott getötet haben, indem wir das Rauschen der heiligen Haine in der Institution der Kirche erstickt haben, sondern dass seit dem Zeitpunkt, in dem Europa den christlichen Gott akzeptiert hat, zu viel Zeit vergangen ist und die „gottbildende Kraft" lahm geworden ist: „Zwei Jahrtausende beinahe und nicht ein einziger neuer Gott!" (F. Nietzsche 1988, S. 185) Für Nietzsche, den Entlarvungspsychologen der Religion, gibt es einen entscheidenden Unterschied zwischen den griechischen Göttern und dem christlichen Gott. Mit den griechischen Göttern kann man tanzen und Feste feiern, man denke an Dionysos, den Gott des Rausches und der Ekstase, vor den griechischen Göttern muss man sich auch nicht schämen, sie sind gleich unvollkommen wie die Menschen, sie stehlen, brechen die Ehe, betrügen, lügen und betrinken sich. Damit entlasten sie den Menschen und halten ihm das „,schlechte Gewissen' vom Leibe". (F. Nietzsche 1993, S. 87) Der christlichen Gottesvorstellung, in der von Schuld, Leid und Sünde, sogar von Erbsünde gesprochen wird, stellt Nietzsche die Diagnose „religiöse Neurose" aus, ein Schwäche- und Krankheitsimpuls. Der Geruch von Verwesung und Todessehnsucht ist für ihn der Nährboden des christlichen Gottesbegriffs. Einen leidenden Gott anzubeten, der am Kreuz gestorben ist, das ist Zeichen einer tiefen Degeneration des Lebens. Das Leben lebt nicht mehr. „Der christliche Gottesbegriff – Gott als Krankengott (…) – ist einer der korruptesten Gottesbegriffe, die auf Erden erreicht worden sind; er stellt vielleicht selbst den Pegel des Tiefstands in der absteigenden Entwicklung des Götter-Typus dar. Gott zum Widerspruch des Lebens abgeartet, statt dessen Verklärung und ewiges Ja zu sein! In Gott dem Leben, der Natur, dem Willen zum Leben die Feindschaft angesagt! Gott die Formel für jede Verleumdung des ‚Diesseits', für jede Lüge vom ‚Jenseits'! In Gott das Nichts vergöttlicht, der Wille zum Nichts heilig gesprochen! (...)." (F. Nietzsche 1988, S. 185) Der christliche Gott war von Anfang an suizidal, hätte er sich sonst freiwillig ans Kreuz nageln lassen? Er war froh, dass das, was er selber längst besorgen wollte, nämlich Hand an sich legen, von anderen verrichtet wurde, das ist wahrscheinlich auch der Grund, warum er sich nicht gewehrt hat. Ähnlich suizidal war für Nietzsche der platonische

Sokrates, der mit seiner Soma-Sema-Lehre, die davon ausgeht, dass das Leben hier auf Erden eigentlich eine Art Tod sei, und der Körper das Grab der Seele, das Diesseits zugunsten des Jenseits vergiftet habe. Dieses Leben ist nur Durchgangssyndrom. Hätte der platonische Sokrates das anders gesehen, wäre er geflohen, als man ihn zum Tode verurteilt hat. Kriton hatte die Flucht ja vorbereitet, nur der störrische oder besser gesagt suizidale Sokrates wollte lieber den Tod als das Leben. Hätte Sokrates sonst angeordnet, nach seinem Tod dem Asklepios einen Hahn zu spenden, was die Griechen nach der Überwindung einer Krankheit üblicherweise taten, wenn er das Leben nicht als Morbus gesehen hätte und den Tod als Erlösung und Rettung vor dem Leben? In Platons Dialog „Gorgias" sagt Sokrates zu Kallikles, seinem Gesprächspartner: „Aber doch auch, so wie du es beschreibst, ist das Leben mühselig. Ich wenigstens wollt mich nicht wundern, wenn Euripides recht hätte, wo er sagt: ‚Wer weiß, ob unser Leben nicht ein Tod nur ist, Gestorbensein dagegen Leben?' Und vielleicht sind wir in der Tat tot. Was ich auch sonst schon von einem der Weisen gehört habe, dass wir jetzt tot wären, und unsere Leiber wären nur unsere Gräber, (…)." (Platon 2004, S. 405) Die totale Umkehrung aller Verhältnisse. Dieses Leben, das Diesseits eine Art Tod und das Jenseits das wirkliche, eigentliche und entscheidende Leben. Die sokratisch-platonische Philosophie und das Christentum, das für Nietzsche nichts anderes als „Platonismus fürs Volk" ist, die beide die totale Verherrlichung des Jenseits und die Abwertung des Diesseits betreiben, mit allem, was zum Diesseits gehört, Sinnlichkeit, ekstatische Liebe, Sexualität, Rausch, Macht und Begehren, Platonismus und Christentum, das ist ganz klar, das sind zu religionsphilosophischen Systemen erhobene Neurosen.

Für Nietzsche, das Enfant terrible der abendländischen Philosophie, sind der erlösende Schein und die Macht der Kunst die einzig wirksamen Gegenmittel gegen den platonisch-christlichen Willen zur Verneinung des Lebens. „Die Kunst als einzige überlegene Gegenkraft gegen allen Willen zur Verneinung des Lebens, als das Antichristliche, Antibuddhistische, Antinihilistische par excellence." (F. Nietzsche bei M. Heidegger 1989, S. 87) In der Kunst strotzt und schäumt das Leben, es fließt gleichsam über und will etwas Neues in die Welt, zur Welt bringen. In die Kunst geht eine besondere Form des Willens zur Macht ein, ja die Kunst „ist die durchsichtigste und bekannteste Gestalt des Willens zur Macht" (M. Heidegger 1989, S. 84), die Kunst ist für Nietzsche „die höchste und eigentliche Aufgabe des Lebens". (F. Nietzsche 2004, S. 18; vgl. auch M. Poltrum 2005, S. 111). Man darf hier Macht nicht negativ verstehen. Es geht nicht um Gewalt, Repression und Unterdrückung, es geht um das Positive, das Schöpferische, das Rauschende des Willens und das Lebendige der Macht im Sinne des Hervorbringens, des Gebärens und Überfließens. Die Sonne ist eine Macht, sie strahlt und fließt über vor lauter Mächtigkeit und ermöglicht durch ihren strahlenden Überfluss das Leben, sie ist das Leben. Genau um diese Mächtigkeit, um diese Selbstermächtigung geht es in der Kunst, die Nietzsche nicht vom Künstler als Person oder Genie, sondern vom Leben her denkt. Die Welt und das Leben sind ein sich selbst gebärendes Kunstwerk und der Mensch soll sich in diesen Impuls stellen und sich von diesem Macht- und Schaffensimpuls der Kunst stimulieren lassen. Das ist eine gänzlich andere Perspektive als die der christlichen Religion mit ihrem Zug ins Moralisieren und Geißeln der Affekte, dem Unterdrücken der erotischen Regungen und Abtöten der großen Begierden. Für Nietzsche ist klar, es gibt nur eine „ästhetische Rechtfertigung" des Lebens. Diese Welt und dieses Leben sind weder wahr noch gut noch gerecht und schon gar nicht nach moralischen Gesichtspunkten gebaut. Das ist vielleicht schade, das ist sogar sehr schade, aber es nützt nichts, so ist es eben. Diese Welt ist nicht wahr, oft kommt man mit der Lüge viel weiter als mit der Wahrheit; die Wahrheit ist auch nicht immer und in jeder Situation allen zumutbar. Die Wahrheit ist manchmal zu hässlich und zu grob, man muss manche Dinge schönreden, sonst sind sie nicht auszuhalten. Die

Wahrheit ist ein böses Tier; einzig nackt ist die Wahrheit vielleicht erträglich; die Wahrheit schmerzt auch, manchmal erlöst sie auch; was wahr ist, muss wahr bleiben; die Wahrheit ist eine komplizierte Sache, zu kompliziert, als dass man sein Leben darauf bauen könnte. Manchmal wollen und lieben wir die Wahrheit und dann ist sie wieder nicht auszuhalten und grausam. Auf jeden Fall kann man sein Leben nur bedingt auf die Wahrheit bauen. Ähnlich ist es mit dem Guten und Gerechten. Geht es gerecht zu in dieser Welt? Eher nicht. Krankheit, Leid, Tod, Verbrechen, das Übel trifft Tugendhafte und Gauner in gleichem Maße, Gerechtigkeit ist nicht zu finden im Leben. Wie steht es mit dem Guten? Nur militante Optimisten gehen davon aus, dass am Ende alles gut wird. Das Gute, die Idee des Guten ist eine schöne Sache und wundervolle Angelegenheit, aber zu oft wird man im Leben vom Guten verlassen. Auch das Gute scheint für das Fundament des Lebens zu schwach und zu brüchig. Wenn das Leben also weder wahr noch gut ist, was bleibt dann noch übrig vom abendländischen Wahren, Schönen und Guten? Für Nietzsche steht fest, es gibt nur eine ästhetische Rechtfertigung des Lebens. Nur weil die Welt immer wieder schön ist und Schönheiten hervorbringt, Morgenröte, das weite Meer, den Duft einer Blume, den Geschmack eines Kusses, die Berührung durch ein geliebtes Wesen, ... nur weil es Schönheit gibt, ist das Leben lebens- und bejahenswert. „Als ästhetisches Phänomen ist uns das Dasein immer noch erträglich, und durch die Kunst ist uns Auge und Hand und vor allem das gute Gewissen dazu gegeben, aus uns selber ein solches Phänomen machen zu können." (F. Nietzsche 1886, S. 125) Mit all jenen Philosophen, die vom Wahren und Guten sprechen, geht Nietzsche hart ins Gericht. Sokrates, Platon, die ganze mittelalterliche Philosophie, die von der Einheit von verum, bonum und pulchrum sprach, werden geprügelt, einzig die Kunst und die Schönheit lässt Nietzsche gelten. „An einem Philosophen ist es eine Nichtswürdigkeit zu sagen: das Gute und das Schöne sind eins: fügt er gar noch hinzu ,auch das Wahre', so soll man ihn prügeln. Die Wahrheit ist hässlich: wir haben die Kunst, damit wir nicht an der Wahrheit zugrunde gehen." (F. Nietzsche 1980, S. 500) Wir haben die Kunst, den „guten Willen zum Scheine" (F. Nietzsche, 1886, S. 124) nötig, dringend nötig. Wir müssen dem Hässlichen der Welt etwas entgegensetzen, das Rohe und Grausame gehört veredelt, dem Tod gehören die Zähne gezogen, Krankheit, Leid und Schmerz müssen ertragen und abgewehrt werden. Die Abwehr des Hässlichen und Bedrohlichen leistet von jeher die Kunst. Das Spitze und Scharfe muss abgerundet, geschliffen und abgestumpft werden, das leisten die dichterische Einbildungskraft und das Ausschmückungsvermögen der Kunst. Die artistische Welterschließung und Lebensaneignung ist gänzlich anderer Natur als die religiöse bzw. christliche, zumindest sieht Nietzsche den größten Gegensatz zwischen christlicher Metaphysik, die angesichts des Übels und Leids in der Welt auf ein Jenseits vertröstet und alles Lebendige und Sinnliche im Diesseits ausrottet, und seiner, wie er es nennt, „Artistenmetaphysik", mit ihrem bedingungslosen Ja zum Diesseits, zum Rausch, zur Entgrenzung und ekstatischen Hingabe. Sinnlichkeit, Begierde, Lust und Kunst anstelle asketischer Selbstaufgabe und suizidaler Transzendenzentrückung. Im Vorwort seiner Tragödienschrift findet sich bereits Nietzsches lebenslange Gegenüberstellung zwischen Kunst und Religion, zwischen Dionysos und dem Gekreuzigten, zwischen Ekstase und Askese. Dort heißt es: „In Wahrheit, es giebt zu der rein ästhetischen Weltauslegung und Welt-Rechtfertigung, wie sie in diesem Buche gelehrt wird, keinen grösseren Gegensatz als die christliche Lehre, welche nur moralisch ist und sein will und mit ihren absoluten Maassen, zum Beispiel schon mit ihrer Wahrhaftigkeit Gottes, die Kunst, jede Kunst in's Reich der Lüge verweist, – das heisst verneint, verdammt, verurtheilt. Hinter einer derartigen Denk- und Werthungsweise, welche kunstfeindlich sein muss, so lange sie irgendwie ächt ist, empfand ich von jeher auch das Lebensfeindliche, den ingrimmigen rachsüchtigen Widerwillen gegen das Leben selbst: denn alles Leben ruht auf Schein, Kunst, Täu-

schung, Optik, Nothwendigkeit des Perspektivischen und des Irr-
thums. Christenthum war von Anfang an, wesentlich und gründlich,
Ekel und Überdruss des Lebens am Leben, welcher sich unter dem
Glauben an ein ‚anderes' oder ‚besseres' Leben nur verkleidete, nur
versteckte, nur aufputzte. Der Hass auf die ‚Welt', der Fluch auf die
Affekte, die Furcht vor der Schönheit und Sinnlichkeit, ein Jenseits,
erfunden, um das Diesseits besser zu verleumden, im Grunde ein Verlangen in's Nichts, an's Ende, in's Ausruhen, hin zum ‚Sabbat der Sab-
bate' – dies Alles dünkte mich, ebenso wie der unbedingte Wille des
Christenthums, nur moralische Werthe gelten zu lassen, immer wie
die gefährlichste und unheimlichste Form aller möglichen Formen
eines ‚Willens zum Untergang', zum Mindesten ein Zeichen tiefster
Erkrankung, Müdigkeit, Missmuthigkeit, Erschöpfung, Verarmung
des Lebens (…)." (F. Nietzsche 2004, S. 12) Nietzsches vitalistischer
Atheismus verzichtet auf das Göttliche und die Transzendenz, weil er
im Jenseitsglauben eine Müdigkeitserscheinung und Verarmung des
Lebens zu erkennen glaubt. Das setzt manchen zu und macht andere
frei. Nietzsche, der streng erzogene Pastorensohn, der als Kind ob seiner moralischen Strenge als kleiner Pastor bezeichnet wurde, dürfte
sich mit diesen Überlegungen wohl selbst am meisten befreit haben.
Gott ein Erschleichnis, diese Erkenntnis vermag moralische Zwangs-
jacken abzulegen und Ketten zu sprengen, von beidem dürfte das so-
zialphobische und scheue Reh Nietzsche genug gehabt haben. Wer
erkennt und mit vollem Sturm Mauern niederreißt, Religionen de-
konstruiert, übersieht leicht das positive Phänomen, das hinter reli-
giösen Bauten steckt. Das gilt für alle hier zur Sprache gebrachten
Religionskritiken. Wer naiv glaubt, ohne die Religionskritik ernst zu
nehmen, wird wahrscheinlich nur schwer zu einem Felsen im Sturm
des Lebens gelangen, auf den er bauen und an dem er sich festhalten
kann. Für Nietzsche ist jedenfalls klar, Gott ist Dichter-Erschleichnis.
Was den einen bedrohen mag und in einen metaphysischen Taumel
versetzt, ist für andere ein befreiender Ausweg. Das Leben wird zum

Welt-Spiel. „Das Unvergängliche / Ist nur dein Gleichnis! / Gott der Verfängliche / Ist Dichter-Erschleichniss ... / Welt-Rad, das rollende, Streift Ziel auf Ziel: / Noth – nennt's der Grollende, / Der Narr nennt's Spiel ... / Welt-Spiel, das herrische, / Mischt Sein und Schein: – / Das Ewig-Närrische / Mischt uns – hinein! ..." (F. Nietzsche 1994, S. 79)

[Keine Ahnung, Hannah, ob es Gott oder die Götter gibt, das kann kein Mensch seriös beantworten, das ist auch gut so, sonst hätte der Glaube kein Heimatrecht.] Die Macht des Glaubens liegt nämlich genau darin, dass man das Geglaubte nicht beweisen kann. Entscheidender als die Frage, ob es Götter gibt, ist wahrscheinlich die, wie es sie gibt, wie sie gedacht oder vorgestellt werden, denn die jeweils herrschende Gottesvorstellung eines Menschen oder einer Kultur hat in jedem Fall einen diagnostischen Wert, das kann man von Nietzsche lernen. Die Art und Weise, wie man das Göttliche oder die Transzendenz denkt, ist ein ausgezeichnetes Diagnosekriterium, wie viel oder wie wenig Leben und Lebendigkeit in der jeweiligen Vorstellung und damit in dem diese Vorstellung denkenden Menschen steckt. Damit kehren wir zurück zu einer vorher unbeantwortet gelassenen und auf später geschobenen Frage. Die Frage: Spricht sich in Heraklits Idee, dass Gott ein Spieler ist, in der Vorstellung vom Deus ludens, spricht sich im Logos ludens, der die Welt regieren soll, das Transzendenzphänomen selbst aus? Ist das Leben als Spiel gedacht, die Selbstauslegung des spielenden Lebens, das sich phänomengerecht zur Sprache bringt, oder ist das nur ein weiterer Anthropomorphismus? In jedem Fall ist die Idee des spielenden Gottes eine der mächtigsten Gottesvorstellungen und wahrscheinlich die am meisten befreiende. Denn was soll die Transzendenz anderes tun als spielen? Spiel ist die vollkommenste Tätigkeit, sie genügt sich selbst, sie tut, was sie tut aus keinem anderen Grund als um des Spieles willen. Warum sollten wir immer wieder geboren werden, unser Karma abarbeiten und dann irgendwann erlöst werden? Aus welchem Grund? Warum braucht es die Welt? Warum sollte Gott die Welt erschaffen und warum sollte man nach dem Tod in den Himmel oder in die Hölle kommen? Was soll das alles für einen Sinn haben? Auch die Idee des werdenden Gottes, der die Welt als das andere seiner selbst braucht, um im Lauf der Weltgeschichte zu sich selber zu kommen, sich mit sich selber zusammenzuschließen und sich anzueignen, die Welt und der Lauf der Geschichte als Spiegel, in dem sich Gott spiegelt, erkennt und zu sich findet, auch diese Idee Hegels ergibt keinen Sinn. Immer ist Gott dabei als eine Art Mängelwesen gedacht, der etwas anderes notwendig hat, um zu sich zu finden oder zu werden, wer er ist. Auch die deistische Gottesvorstellung, die Idee, dass die Götter in einer Art Parallelwelt leben und sich nicht um die Welt kümmern und nicht in den Lauf der Dinge eingreifen, scheint wenig Sinn zu haben. Die andere Variante, dass Gott straft und Leid sendet, dass er für das Übel in der Welt verantwortlich ist, scheint auch wenig plausibel. Würde er so handeln, dann wäre die Vorstellung Gottes als des höchst vollkommenen Wesens nicht zu halten. Gott ist nicht im Beweis zu Hause, die ganze Geschichte der Gottesbeweise ist eine zu müde Angelegenheit, eines Gottes nicht würdig, Gott ist auch nicht mittels funktioneller Magnetresonanztomografie oder mittels Elektroenzephalografie ermittelbar, indem man etwa meditierende Mönche und betende Nonnen untersucht, vermisst und deren Gehirnaktivität mit nichtgläubigen Probanden vergleicht, auch wenn Neurotheologen glauben, Gott ist im Gehirn, dort wird er nicht zu finden sein. (vgl. U. Schnabel 2010) Gott ist auch nicht in der Ethik zu Hause, Moral und Pflichterfüllungsprogramme sind keine Göttermedien, das Göttliche und Numinose findet sich am ehesten in der Kunst oder im Tanz. Es macht wahrscheinlich auch keinen Sinn, über den Ursprung des Lebens oder den Urgrund der Dinge nachzudenken. Es war immer schon alles so, wie es ist, es war immer schon alles da. „Die gegebene schöne Ordnung (Kosmos) aller Dinge, dieselbe in allem, ist weder von einem der Götter noch von einem der Menschen geschaffen worden, sondern sie war immer, ist und wird sein: Feuer, ewig lebendig, nach Maßen entflammend und nach (denselben) Maßen erlöschend." (Heraklit DK 22 B 30, S. 263) Für Heraklit ist evident: Erstens, dass immer schon alles war, das ewige Leben, der Logos war immer, ist immer und wird immer sein, und zweitens, dass das „ewige Leben" ein „spielendes Kind" ist. Hinter diesem im ersten Anschein sehr kindlich und naiv klingenden Gedanken steckt eine große und tiefe Einsicht. Die Einsicht, dass das Spiel die Vollkommenste aller Tätigkeiten ist, und wenn die Welt eine Ordnung und ein Kosmos ist, dann erhält sich die Ordnung auf spielerische und selbstverständliche Weise. Das Spiel ist es auch, das die Gottesidee sinnvoll erscheinen lässt. Gott und die Welt spielen miteinander, die Welt ist das Spiel der Gottheit, weil Gott frei ist, spielt er mit der Welt und genießt dieses Spiel der Transzendenz. Welt ist nichts anderes als Spiel, das wusste neben Heraklit, Eugen Fink („Spiel als Weltsymbol") und vielen anderen auch Martin Heidegger, der einmal angemerkt hat: „Vielleicht müßte man den leibnizischen Satz: Cum Deus calculat fit mundus, gemäßer übersetzten durch: Während Gott spielt, wird Welt. (…) Was sagt Heraklit (…)? (…) Das Seinsgeschick: ein Kind, das spielt. (…) Warum spielt das von Heraklit (…) erblickte große Kind des Weltspiels? Es spielet, weil es spielet. Das ‚Weil' versinkt im Spiel. Das Spiel ist ohne ‚Warum'. Es spielt, dieweil es spielt. Es bleibt nur Spiel: das Höchste und Tiefste. Aber dieses ‚nur' ist Alles, das Eine, Einzige. (…) Sein als gründendes hat keinen Grund, spielt als der Ab-Grund jenes Spiel, das als Geschick uns Sein und Grund zuspielt. Die Frage bleibt, ob wir und wie wir, die Sätze dieses Spiels hörend, mitspielen und uns in das Spiel fügen." (M. Heidegger 1992, S. 186 u. S. 188.)

Rien ne va plus: Spielsucht, Störungen und Leierspiele

„Das Leben lebt nicht."

F. Kürnberger

Bei Sigmund Freud, der eine gewisse Begabung für tiefsinnige theoretische Absurditäten hatte, findet sich in einem Brief an Wilhelm Fließ die Überlegung, „dass die Masturbation die einzige große Gewohnheit, die ‚Ursucht' ist, als deren Ersatz und Ablösung erst die anderen Süchte nach Alkohol, Morphin, Tabak usw. ins Leben treten." (S. Freud 1950, S. 254) Es ist fraglich, ob es eine Ursucht gibt, und wenn es sie gibt, ob die Selbstbefriedigung diese Urform der Sucht ist. Was es auf jeden Fall gibt, und das klingt hier bei Freud an, ist das Phänomen der Suchtverschiebung. An die Stelle einer aufgegebenen und scheinbar bewältigten Sucht tritt eine andere Abhängigkeit. So kann z. B. die Abhängigkeit von Drogen bewältigt werden, sich dafür aber eine andere Sucht, z. B. die von Alkohol, einschleichen und die ursprüngliche Abhängigkeit lediglich ersetzen. Die Ablösung der Drogensucht durch eine Alkoholabhängigkeit ist eine Suchtverschiebung, die sich sehr häufig beobachten lässt. Hin und wieder ist auch zu beobachten, dass eine bestehende Drogensucht durch Sexsucht oder Sportsucht substituiert wird, Suchtverlagerungen, die nicht sehr häufig, aber doch manchmal zu finden sind. Im Übrigen ist es so, das wusste schon die ältere Suchtforschung, dass „jede Richtung des menschlichen Interesses süchtig zu entarten vermag." (F. E. von Gebsattel 1954, S. 221) Alles kann zur Sucht werden. Neben den klassischen Süchten, die an die Einnahme einer Substanz gebunden sind – Alkohol-, Medikamenten-, Drogenabhängigkeit – können auch Verhaltensweisen Suchtcharakter annehmen. Glücksspielsucht, Computersucht, Kaufsucht, Arbeitssucht, Sportsucht, Sexsucht wären hier u. a. zu nennen. Die Häufigkeit, Dynamik und Phänomenologie dieser nicht substanzgebundenen Süchte wird gegenwärtig intensiv erforscht. In einem Essay über das Leben als Spiel haben wir uns vor allem mit der Spielsucht zu beschäftigen, jedoch in einem anderen als dem üblichen Sinn. Üblicherweise gilt die pathologische Spielleidenschaft, die Glücksspielsucht, die Spielsucht im engeren Sinn, als eine Verhaltenssucht neben den bereits genannten. Wenn man jedoch versucht, das Leben durch die Beschreibung seines wesentlichsten Prinzips zu fassen, in unserem Fall das principium ludens, dann gibt es konsequenterweise auch nur eine Suchtform, eine einzige Sucht, eine Ursucht, wie Freud sagen würde. Allerdings ist diese dann nicht die Masturbation, sondern die Spielsucht. Alle Süchte, alle substanzgebundenen Süchte und alle Verhaltens- oder Tätigkeitssüchte sind dann nur Unterformen der Glücksspielsucht. In der Sucht geht es letztlich immer um dieselbe Dynamik, die Dynamik der Ursucht. Der Süchtige sucht im Rausch, im Glücksspielrausch etwas zu finden, was er in der „Realität" vergebens sucht, oder was ihm in der „Realität" verwehrt bleibt: Spiel, Leichtigkeit, die gute Selbstvergessenheit, Ekstase und Glück. Es ist klar, wo das Leben unter anhaltender Glücklosigkeit leidet, ist die Anfälligkeit für die Sucht groß. „Wo das Leben selbst eine Entziehungskur ist, gedeiht der Boden für die Sucht. Wo die Lebenssehnsucht nicht gesättigt wird, füllt die Drogensucht den leeren Raum." (P. Weibel 2002, S. 32) Ein Leben, das nicht lebt, ein Leben, das eine einzige Entzugserscheinung ist, ein Leben, in dem einem der Spielcharakter des Lebens entzogen ist, ist immens suchtanfällig und jederzeit bereit, durch riskantes und risikoreiches Suchtverhalten alles aufs Spiel zu setzen. Man denke dabei an den hochriskanten Drogenkonsum und die ständig drohende Gefahr der Überdosierung und des Todes. Wobei „das alles", was da aufs Spiel gesetzt wird, ja gar nicht viel wert ist, handelt es sich doch um ein Leben, das ohnehin nur scheinbar lebt. Es ist nichts zu verlieren, weil man im Grunde bereits alles verloren hat, daher wird alles aufs Spiel gesetzt. Beim pathological gambling, bei der Spielsucht im engeren Sinn, die mit dem finanziellen Ruin spielt, geht es im Grunde nicht um das Verlieren oder um das Gewinnen, sondern um den Rausch und um das Kickerlebnis, das der Süchtige dabei hat, wenn er alles aufs Spiel setzt. „Was die Spielleidenschaft zur Sucht macht, ist die Einstellung auf die Sensation des Gewinnens oder Verlierens, hinter die das Interesse an faktischem Gewinnen und Verlieren weitgehend zurücktritt. Eine eigenartige Gleichgültigkeit gegen die Tatsache des Gewinnens, aber auch des Verlierens, bis zur Stumpfheit gegen entscheidende Einbußen des Vermögens charakterisiert die Spielfreude als Sucht." (F. E. von Gebsattel 1948) Damit ist ein Punkt genannt, der bei jeder Sucht eine gewisse Rolle spielt: der Rausch. Ob mit oder ohne Drogen, im Rausch geht es immer um Entgrenzung und Selbstvergessenheit. Das zeigt schon der Begriff der Ekstase an, der von ékstasis, exhistasthai kommend so viel wie „aus sich heraustreten", „außer sich sein" meint. Ein Leben, das nicht lebt, ein lebloses Leben versucht im Rausch und in der Ekstase aus sich herauszutreten, damit wenigstens im oder für den Moment des Rausches ein klein wenig Lebendigkeit zurückgewonnen wird. Dafür ist das leblose Leben bereit, alles aufs Spiel zu setzen. Je weniger Lebendigkeit, desto größer ist die Anfälligkeit für den Rausch und die ständige Nötigung zur Wiederholung und Reproduktion der künstlichen Ekstase. Rausch und Ekstase haben an sich nichts Verwerfliches, im Gegenteil, ein Leben ohne Entgrenzung, selbstvergessenes „Außer-sich-Sein" und präreflexives Ganz-im-Tun-einer-Sache-Aufgehen ist eine traurige Angelegenheit, auch ein Leben ohne substanzinduzierten Rausch ist für die meisten Menschen zu Recht undenkbar und eine puritanische Veranstaltung. Allerdings scheint es so zu sein, wo die substanzfreie Ekstase und selbstvergessene Hingabe an den Vollzug des Lebens, wo der Spielcharakter des Lebens abhandengekommen ist, denn das Spiel leistet ja genau die glückliche Selbstvergessenheit und das „Außer-sich-sein" und Ganz-im-Tun-des-Spiels- Aufgehen, wo diese natürliche Selbstvergessenheit abhandengekommen ist, ist die Anfälligkeit für die ständige und damit pathologische Reproduktion des Rausches gegeben. Wo das Leben kraftlos geworden ist und an Fülle verloren hat, da braucht es die Kraftsteigerung durch den Rausch. Diese Steigerung geschieht auf natürliche Art in der ästhetischen Erfahrung und in der Kunst, denn die „Kunst ist das große Stimulans zum Leben." (F. Nietzsche 1888, S. 83). An anderer Stelle vermerkte Nietzsche hierzu: „Damit es Kunst gibt, damit es irgendein ästhetisches Tun und Schauen gibt, dazu ist eine physiologische Vorbedingung unumgänglich: der Rausch. Der Rausch muß erst die Erregbarkeit der ganzen Maschine gesteigert haben: eher kommt es zu keiner Kunst. Alle noch so verschieden bedingten Arten des Rausches haben dazu die Kraft. Vor allem der Rausch der Geschlechtserregung, diese älteste und ursprünglichste Form des Rausches. Insgleichen der Rausch, der im Gefolge aller großen Begierden, aller starken Affekte kommt; der Rausch des Festes, des Wettkampfs, des Bravourstücks, des Siegs, aller extremen Bewegungen; der Rausch der Grausamkeit; der Rausch in der Zerstörung; der Rausch unter gewissen meteorologischen Einflüssen, zum Beispiel der Frühlingsrausch; oder unter dem Einfluß der Narkotika; endlich der Rausch des Willens, der Rausch eines überhäuften und geschwellten Willens. – Das Wesentliche am Rausch ist das Gefühl der Kraftsteigerung und Fülle." (F. Nietzsche 1888, S. 71) Dass sich das Gefühl der Kraftsteigerung und Fülle durch verschiedene Arten des Rausches einstellt, wusste bereits Platon, der in seinen ekstatischen Meditationen Nietzsche hier sogar noch toppt, denn er meint, dass uns sogar „die größten aller Güter durch den Rausch zuteil" werden. (Platon 1994, S. 40) Allerdings nennt Platon andere Rausch- und Ekstaseformen als Nietzsche. In der Übersetzung von Schleiermacher heißt es im Übrigen nicht wie oben in der Übersetzung von Kurt Hildebrandt, dass wir die größten Güter dem Rausch verdanken, sondern einem „Wahnsinn, der jedoch durch göttliche Gunst verliehen wird." (Platon 2006a, S. 564 f.) „Eingeistung", „Wahnsinnigkeit", „rechte Art der Besessenheit", sich von guten Geistern partiell und zeitweilig besetzen und inspirieren lassen, sind weitere

Begriffe und Figuren, mit denen Schleiermacher und Hildebrandt die platonische Erfahrung der Überwältigung übersetzen. Platons Einweihungsschrift und Kardinalinitiation in die höheren Formen der Ekstase kennt mehrere Arten der Mania, der „wahren Besessenheit" (Platon 1994, S. 41), der guten Raserei und Berauschung. Der Rausch und das ekstatische Außer-sich-Sein, das die Inspirationsquelle für Seher, Wahrsager und Prophetinnen darstellt, die Berauschung der Liebenden, der Rausch der Schönheit, für Platon der wichtigste Rausch, und die Art der Ekstase, die für die Suchttherapie eine wichtige Rolle spielt, der durch den Kuss der Musen induzierte Rausch. „Die dritte Besessenheit, der Rausch von den Musen, welcher die zarte und unentweihte Seele ergreift, erweckt und in den Taumel versetzt, verherrlicht unter Gesängen und der andern Dichtung Tausende von Taten der Ahnen und bildet so die Nachkommen." (Platon 1994, S. 41) „Wer aber ohne diesen Wahnsinn der Musen in den Vorhallen der Dichtkunst sich einfindet, meinend, er könne durch Kunst allein genug ein Dichter werden", der, so könnte man Platon paraphrasieren, irrt gewaltig (Platon 2006a, S. 565, 245 a). Dichter ohne Museninspiration sind Stammler und Stotterer. Menschen, die ohne den Kuss der Musen durch das Leben kommen möchten, und damit ist nicht gemeint, dass jeder Künstler oder Dichter werden muss, man bedenke das Wort von H. C. Artmann, dass man „Dichter sein kann, ohne auch irgendjemals ein Wort geschrieben oder gesprochen zu haben" (H. C. Artmann 1988, S. 6), Menschen, die ohne den Kuss und die Besessenheit der Musen durch das Leben kommen möchten, sind sehr stark suchtgefährdet. Wer sich vom Realitätsprinzip tyrannisieren lässt, wer unter Realitätsprinzipsbesessenheit leidet, ein Leiden, das die meisten Menschen bewusst gar nicht wahrnehmen, gehört diese Störung doch mittlerweile zur Pathologie des Zeitgeistes, der die Wahrnehmung dieser eigentlichen Verzerrung und Verbiegung des Lebens verdeckt, wer sein Leben verwaltet, kontrolliert und das Lust- und Inspirationsprinzip der Musen vergisst, der ist prädisponiert, einen Kontrollverlust durch Ersatzekstasen und Suchtphänomene zu erleiden. Dabei spielt es keine Rolle, ob es die psychotrope Wirkung von Substanzen, das Kickerlebnis beim pathologischen Spielen, die Endorphinausschüttung beim Laufen, der Rausch beim Kauf, beim Sex oder bei der Arbeit ist. Wer in der Realität abgesoffen und Kontrolleur seines Lebens ist, braucht die Befreiung durch den Rausch und je mehr Kontrolle die Realität beherrscht, desto größer ist die Gefahr des Kontrollverlustes bei welcher Form des Rausches auch immer, den man sich anfänglich vielleicht nur zur Entlastung zeitweise gönnt und der dann immer mächtiger wird. Im Übrigen ist neben den klassischen Suchtkriterien, der Toleranzentwicklung, der Dosissteigerung, dem Entzug beim Absetzen der Substanz oder der berauschenden Tätigkeit (körperlich und / oder psychischer Entzug), dem Weiterführen des Suchtverhaltens trotz bereits eintretender körperlicher, sozialer oder psychischer Schädigungen, wahrscheinlich der Verlust der Kontrolle über die Substanz oder die süchtige Verhaltensweise das wichtigste Suchtkriterium überhaupt. Vor dem Kontrollverlust durch die Sucht ist nur der geschützt, der sich immer wieder dem ekstatischen Kontrollverlust durch museale Inspirationsmächte hingibt. Das zeigt die psychohistorische Begegnung zwischen den Musen und Sirenen, die Tradition des Musenanrufes und die Suchtdynamik, die sich im Mythos der Sirenen auslegt, was im Folgenden zur Sprache gebracht werden möchte. Zuerst zu den Musen und zum Musenanruf.

Der schönste Musenanruf, eine für antike Verhältnisse ungewöhnlich lange (W. J. Verdenius 1972) Anrufung, findet sich bei Hesiod. Bevor Hesiod der Dichter in der Lage ist, die mehr als 300 numinosen Gestalten seiner Theogonie zu benennen und vom Ursprung der Welt zu künden, ruft er die Musen an: „Mit den Helikonischen Musen lasst uns beginnen zu singen, die den großen und gotterfüllten Helikonberg bewohnen und um die dunkelfarbige Quelle mit leichtem Fuß tanzen und um den Altar des allgewaltigen Kronossohns." (Hesiod, zit. K. Albert 1998, S. 41) Die Musen wohnen nicht an irgendeinem

Ort, sie wohnen dort, wo die Götter zu Hause sind. Die Musen bewegen sich nicht irgendwie, sie sind mit „leichtem Fuß" tanzend. Das will hervorgehoben werden, geht es doch darum, die Musen zu preisen, ihnen Honig um den Mund zu schmieren. Jetzt kommt Hesiod, nachdem er zaghaft mit seiner Laudatio begonnen hat, so richtig in Fahrt. „Und wenn sie den glatten Leib im Permessos gebadet haben oder in der Hippokrene oder dem gotterfüllten Olmeios, tanzen sie auf dem Gipfel des Helikon ihre Reigen, schöne und liebliche." (ebenda S. 41) Der Funke der Inspiration, ein wesentliches Moment des dichterischen Sagens, entzündet sich nun ganz und öffnet das Herz und die Einbildungskraft des Dichters. Hesiod weiter: „Glücklich ist, wen die Musen lieben, süße Rede fließt von seinem Mund." (ebenda S. 51) Alles, was Hesiod berichtet, nämlich dass am Anfang Chaos war und dann Uranos, Gaia sowie Eros auftauchen, all das weiß Hesiod, weil es ihm die Musen sagen: „Diese [die Musen] nun lehrten einst den Hesiod schönen Gesang, als er Schafe weidete unter dem gotterfüllten Helikon." (ebenda S. 43) Der antike Dichter, derjenige, von dem das dichtend-denkende Sagen ausgeht, spielt nur eine Nebenrolle. Die Hauptakteure sind die Musen. Der antike Dichter ist nur Pressesprecher bzw. Diktiergerät der Musen. Das wird in der Moderne anders gesehen. Dort ist das künstlerische Subjekt Genie (I. Kant 1790; F. W. J. Schelling 1800, S. 108 f.) – die klassische und romantische Genieästhetik reflektiert diese Zusammenhänge und kennt zumindest bei Schelling noch die Dimension des „Anhauchs", unter welcher der Künstler steht. Das Genie scheint „unter der Einwirkung einer Macht zu stehen, die ihn von allen andern Menschen absondert, und ihn Dinge auszusprechen oder darzustellen zwingt, die er selbst nicht vollständig durchsieht, und deren Sinn unendlich ist." (F. W. J. Schelling 1800, S. 111) Der geniale Mensch, nicht die „Fabriksware Mensch", wie Schopenhauer dann später sagen wird, steht sogar so unter der Einwirkung dieser Macht, dass er an der Grenze steht und die endgültige Überschreitung der Schwelle und damit die Verrückung droht.

Damit ist die romantische Formel „Genie und Wahnsinn" geprägt (A. Schopenhauer 1844; O. Pöggeler 1960). In neurokonstruktivistischer Überspitzung dieser Überlegungen, in der narzisstischen Moderne wird schließlich davon ausgegangen, dass die Macht, die hinter den Hervorbringungen des künstlerischen Subjekts steht, nichts anderes ist als die Macht seines Gehirns. Die der Einbildungskraft erscheinenden Gestalten werden damit zu Hervorbringungen des Gehirns. Musen, Sirenen, Nixen, Nymphen und Feen stehen in einer ähnlichen Relation zum Gehirn wie der Harnstoff zur Niere oder der Kot zum Dickdarm. Sie verweisen nicht mehr auf ein eigenständiges Sein jenseits des menschlichen Subjekts. Innerhalb dieser narzisstisch-konstruktivistischen Ontologie wird das Numinose zu einer kausalen Hervorbringung der dichterischen Einbildungskraft, das ohne diese nicht ist und keine eigene Existenz hat. Eine etwaige Anrufung der Musen hätte innerhalb dieses Weltbildes gar keinen Sinn. Das ist bei Hesiod anders. Die Anrufung der Musen und Heimsuchung durch die Musen ist das eigentlich Entscheidende. Die Musen, werden sie einmal zum Sprechen gebracht, so Hesiod weiter, wissen aber nicht nur Wahres zu verkünden, sie können den Dichter auch in die Irre führen. Das geben sie ehrlich zu: „Seht, wir wissen viel Falsches zu sagen, dem Wirklichen Ähnliches, wir wissen aber auch, wenn wir wollen, Wahres zu verkünden" (Hesiod, zit. K. Albert 1998, S. 43). Neben den olympischen Musen, die von Zeus und Mnemosyne in neun Liebesnächten gezeugt wurden, und Sappho, die von vielen antiken Interpreten als die zehnte, die sterbliche Muse bezeichnet wurde (F. Schlegel 1795, S. 95), kannte die Antike noch andere Sängerinnen, deren Singen und Sagen nicht nur völlig anders geartet ist als dasjenige der Musen, sondern die für das Verständnis der Suchtdynamik eine wichtige Phänomenerschließungskraft haben. Gemeint sind die Sirenen. Der antike Historiker Pausanias berichtet, dass es sogar einmal einen Gesangswettbewerb zwischen Musen und Sirenen gegeben hat, welchen die Musen für sich entscheiden konnten. (Pausanias, zit.

W. Wunderlich 2007, S. 58 f.) Dass es Hera war, die diesen Wettbewerb angezettelt hat, ist insofern interessant, als die Musen ja die Töchter von Zeus und Mnemosyne sind. Hera wurde wieder einmal hintergangen. Mnemosyne, deren Name Heidegger einmal mit „das Andenken an das zu-Denkende" übersetzt hat (M. Heidegger 1952, S. 6 f.), war Hera vielleicht ein Dorn im Auge, und vielleicht wollte Hera die Musen vorführen, schmähen und Mnemosyne durch einen verlorenen Gesangswettbewerb, in dem die Musen den Sirenen unterliegen, bestrafen. Doch das muss Spekulation bleiben. Pausanias und Strabon berichten nichts über das Motiv dieses Wettbewerbs. Überliefert ist nur, dass sich die Sirenen aus Schande über ihre Gesangsniederlage ins Meer gestürzt hätten und zu Felsen geworden sind (W. Wunderlich 2007, S. 187). Über den Tod der Sirenen ist viel spekuliert worden. Der anonyme Verfasser des späthöfischen Epos „Reinfried von Braunschweig" (vgl. ebenda S. 61 f.) kommt sogar auf die Idee, dass eine der Sirenen aufgrund gesanglicher Überanstrengung einen Herzinfarkt gehabt hätte. Jedenfalls ist klar, dass es einen phänomenologischen Wesensunterschied zwischen Musen und Sirenen gibt.

Musen, das zeigt das Beispiel des Musenanrufs bei Hesiod, beginnen erst zu sprechen, wenn man sie ruft, preist und würdigt. Musen sind harmlos. Sie können zwar Falsches verkünden, geben das aber unbehelligt gleich am Beginn ihrer Rede zu. Das bedeutet aber auch, dass Musen primär Hörende sind. Sie hören den Dichter und sagen ihm, wonach er fragt. So wie der Dichter die Musen ernst nimmt, so nehmen die Musen auch den Dichter, sein Erkenntnisinteresse, seine Frage und seine Bitte nach Auskunft ernst. Hier besteht ein grundlegender Unterschied zu den Sirenen. Sirenen singen auch. Sie singen sogar wunderschön und lieblich, so berichtet der Mythos. Sie singen so schön und verheißungsvoll, dass sich die vorbeifahrenden Schiffer ihrem Gesang kaum entziehen können. Die Schiffer wollen nah an den Sirenen sein. Die Sirenen versprechen durch ihren Gesang Schönheit, Süße und Eros, bringen jedoch Verderben, Elend und Tod. Es wird berichtet, dass alles um die Sirenen herum zu Asche wird. Man verglüht gleichsam vor Leidenschaft und verbrennt, wenn man sich ihnen annähert. Mit dem Eros zu locken und den Thanatos zu bringen, das ist das Wesen der Sirenen. Sirenen sprechen, ohne dass sie angerufen werden. Sie singen die vorbeikommenden Schiffer an und wollen Aufmerksamkeit. Dabei können sie gerade das nicht, was die Musen auszeichnet: Sirenen sind taub, sie können nicht hören. Sie interessieren sich nicht für die Vorbeifahrenden. Sie interessieren sich nicht für Odysseus, der nach Hause, zu Penelope und Telemach möchte. Sie interessieren sich auch nicht dafür, wohin Orpheus und die Argonauten wollten, als sie an ihrer Insel vorbeikamen. Sirenen wollen nur eines: Aufmerksamkeit um jeden Preis. Egal, ob sie damit die Vorbeikommenden vom Kurs ihres Lebens abbringen oder nicht. Den Sirenen zu verfallen, bedeutet realer oder psychischer Tod. Für welche existenzielle Grunderfahrung die Sirenenmythe steht, welche psychopathologischen Zusammenhänge sie außer der Sucht noch beschreibt, wird im Fortgang des Kapitels noch geklärt, an dieser Stelle muss noch weiter ausgeholt werden.

Neben Odysseus, der ja von Kirke gewarnt wurde: Wenn er an der Insel der Sirenen vorbeikomme, dann soll er sich in Acht nehmen, da die Sirenen mit ihrem Versprechen, die Lebenssehnsucht zu stillen, nur lügen und in Wahrheit Stillstand und Tod brächten, und der bekannten, von Odysseus gewählten Strategie, sich an den Mast zu binden und seinen Ruderern die Ohren mit Wachs zu verstopfen, war es Orpheus, der unterwegs mit den Argonauten ebenfalls an den Sirenen vorbeikam. Zudem hat Michael Köhlmeier zu Recht darauf verwiesen, dass es Odysseus wohl nicht allzu eilig hatte, nach Hause zu kommen, hätte er sonst von der 10-jährigen Irrfahrt zwei Jahre bei Kirke und sieben Jahre bei Kalypso verbracht? Eine Heimkehrer- und Abenteurergeschichte also. (M. Köhlmeier 2000, S. 168 u. S. 176)

Dass die Mythe von Odysseus und den Sirenen viele Interpretationen nach sich zog, liegt nicht nur an ihrer Polyvalenz, sondern auch an der Stärke dieser Metapher. Horkheimer und Adorno sahen in den „Maßnahmen, wie sie auf dem Schiff des Odysseus im Angesicht der Sirenen durchgeführt werden", eine „ahnungsvolle Allegorie der Dialektik der Aufklärung". (M. Horkheimer u. Th. W. Adorno 1969, S. 41) Eine Metapher für die von der Aufklärung bewirkte „Herrschaft über die Sinne" (ebenda S. 42) und den dafür bezahlten Preis: Umschlag in die Knechtschaft. In neomarxistischer Manier übertragen Horkheimer und Adorno dieses Bild in die Dialektik von Herr und Knecht: „Die tauben Ohren, die den fügsamen Proletariern seit dem Mythos blieben, haben vor der Unbewegtheit des Gebieters nichts voraus. Von der Unreife der Beherrschten lebt die Überreife der Gesellschaft. Je komplizierter und feiner die gesellschaftliche, ökonomische und wissenschaftliche Apparatur, auf deren Bedingung das Produktionssystem den Leib längst abgestimmt hat, um so verarmter die Erlebnisse, deren er fähig ist (…). Die Ruderer, die nicht zueinander sprechen können, sind einer wie der andere im gleichen Takte eingespannt wie der moderne Arbeiter in der Fabrik, im Kino und im Kollektiv." (ebenda S. 43) Auf die durch den Arbeitsprozess betäubte Sinnlichkeit und die tauben Ohren reagiert dann das Geschrei und Getöse der Kulturindustrie, so führen Horkheimer und Adorno im Kapitel über Kulturindustrie, Aufklärung und Massenbetrug aus. Die Strategie des Odysseus, sich an den inneren Mast aus Pflichterfüllung zu binden, das eigene Begehren abzuschnüren, es anderen, seinen Proletariern zu verbieten, scheint wenig empfehlenswert zu sein, wenn es darum geht, freudvoll und lustvoll durchs Leben zu kommen. Nicht für Herr und nicht für Knecht.

Wenn man die Sirenen als Metapher für Drogen und Suchtmittel nimmt, lässt sich durch diese Mythe einiges sehen. Sirenen haben große Ähnlichkeiten mit Drogen. So wie viele Suchtmittel sehr viel Positives leisten, man denke an die angenehme anxiolytische und enthemmende Wirkung des Alkohols – wie viele Lippen wären ungeküsst geblieben ohne diese Wirkung – , an die Schlaf induzierenden

Effekte mancher Substanzen oder an die Leistungssteigerung durch Stimulanzien. Drogen können und versprechen viel, das haben sie mit den Sirenen gemein. Bei dauerhaftem Konsum sind Substanzen ähnlich tödlich wie die Annäherung an die Sirenen. Und im Falle der Suchtbehandlung ist die Strategie des Odysseus im Umgang mit den Sirenen ähnlich zum Scheitern verurteilt wie die Idee, man könne der lebenslangen Verführung durch Drogen dadurch beikommen, dass man nicht nach links und rechts blickt, allen Lüsten und Genüssen abschwört und sich an den inneren Mast aus Pflichterfüllung, rationalem Lebensentwurf und Askese bindet. Sinnlosigkeit ist der Preis, den man für die Loslösung von der Sinnlichkeit zahlt. Rückfall in die Sucht ist die logische Folge. Das Hauptziel einer gelingenden Suchtbehandlung ist daher die Wiederbelebung des substanzfreien Rausches, die nüchterne Trunkenheit und drogenfreie Ekstase – die Transzendenz der tiefensinnlichen Erfahrung. Eine Strategie, die auch Orpheus gewählt hat, als er, unterwegs mit den Argonauten, auf der Suche nach dem goldenen Vlies an den Sirenen vorbeikam.

Es wird berichtet, dass Orpheus, als er die Sirenen von Weitem hörte, seine Lyra nahm und schöner und lauter als die Todesvögel sang. So kam er unversehrt und freudvoll an den Sirenen vorbei. Dass Orpheus dies vermochte, liegt vielleicht auch daran, dass er der Sohn der „vortrefflichsten aller Musen" war, wie Hesiod (Hesiod, zit. K. Albert 1998, S. 49) berichtet. Kalliope, die Muse der Philosophie, der Wissenschaft und der epischen Dichtung, war in dieser Gefahrensituation offenbar seine Schutzpatronin. Erinnert an die Stimme des guten inneren Objektes, erinnert an seine Mutter, erinnert an Muse Kalliope, hat er vielleicht in dem Moment, in dem ihn die Sirenen gerufen haben, die Muse, seine Mutter angerufen, sie möge doch zum Schutze für ihn singen und ihm einflüstern, was durch seinen Gesang so laut und schön werden soll, dass es die Sirenen übertönt.

Im Moment der Gefahr und tödlichen Verführung geht es darum, seine Achtsamkeit vom Todesgesang abzuziehen und auf etwas anderes zu hören. Auf die guten inneren Objekte und die schützende innere Stimme. Da der schön-schreckliche Gesang der Sirenen aber eine derart große Anziehungs- und Verführungskraft hat, kann das, worauf das Hören umgelenkt werden soll, nur etwas sein, das noch schöner und mächtiger singt. Gerade das scheint sich ja im Orpheusmythos auszulegen. Damit sind wir aber bei einem Phänomen, das von alters her als das am meisten hervorleuchtende und am hellsten strahlende bezeichnet wurde, das „Hervorleuchtendste (…) und das Liebreizendste" (ekphanestaton kai erasmiotaton): das Schöne, die Schönheit (Platon 2006a, 250 d). Sirenen sind schön: schön-schrecklich. Musen sind schön: schön-wahr-gut. Sirenen gehören in die Ästhetik des Erhabenen, Musen zum Topos der Kalokagathia. Musen, so scheint es, sind schöner und ontologisch mächtiger. Zumindest legt der Ausgang des antiken Gesangswettbewerbs diesen Schluss nahe. Auf jeden Fall geht es bei der Sucht, die ja immer irgendwie eine Anästhetisierung der Existenz und der Sinne darstellt (bei der Drogensucht ist dieser Zusammenhang am evidentesten), um die Wiedergewinnung der ästhetischen Seite des Lebens. Man könnte diese Zusammenhänge in die Formel packen: Die Anästhetisierung durch Drogen und Sirenen ist in der Suchtbehandlung durch die Ästhetik und die Musen zu ersetzen (M. Poltrum 2007 u. 2010). Wo das Leben Gesang, Musik, Poesie und Leierspiel ist, der Mensch den Homo faber und das Animal laborans immer wieder vergisst und zum Homo ludens wird, wo das Leben lebt und spielt, hat die Sucht keine Chance.

Aber nicht nur der drohenden Gefahr durch die Sirenen widerstand Orpheus und rettete dadurch sich und die Argonauten, sondern auch in einer anderen Erzählung brachte Orpheus seine psychotherapeutischen Fähigkeiten ein. Es wird berichtet, dass Orpheus, als er in der Unterwelt war, um Eurydike zu befreien – was ihm nach manchen Varianten des Mythos gelang (W. Storch 2006, S. 267) –, durch seinen Gesang auch Sisyphos von seinem Wiederholungszwang heilte. Als

Sisyphos Orpheus singen hörte, vergaß er seinen Stein und lauschte befreit und selbstvergessen der Schönheit der Musik (vgl. Ovid, zit. W. Storch 2006). Ästhetische Kontemplation ist: temporale Erlösung vom Leiden am Dasein. Eine kunsttheoretische Position, die dann vor allem von Schopenhauer entfaltet wurde (G. Pöltner 2008, S. 166–S. 174). Vielleicht hat Albert Camus das gemeint, als er schrieb: „Der Kampf gegen Gipfel vermag ein Menschenherz auszufüllen. Wir müssen uns Sisyphos als glücklichen Menschen vorstellen" (A. Camus 1959/1991, S. 101). Die gute Selbstvergessenheit in der lauschenden Hingabe an die Schönheit der Musik hält den Lastcharakter des Daseins und die partielle Sinnlosigkeit des Lebens auf Distanz. Dass Orpheus durch seinen Gesang die Götter erweichte, ihm Zutritt zur Unterwelt zu gewähren, liegt wohl daran, dass das Singen des Orpheus ein reines Singen war. Keine strategische PR- und Werbe-Performance, sondern Gesang um des Singens willen. Gesang, der das Singen- und Sagenkönnen feiert. Rilke hat das in einem seiner „Sonette an Orpheus" deutlich zum Ausdruck gebracht: „Gesang, wie du ihn lehrst, ist nicht Begehr, / nicht Werbung um ein endlich noch Erreichtes; / Gesang ist Dasein. Für den Gott ein Leichtes." (R. M. Rilke 1922, S. 676; vgl. M. Heidegger 1946, S. 316 f. u. 1967, S. 78)

Herbert Marcuse dürfte der Erste gewesen sein, der in seinen freudianisch-marxistischen Meditationen erkannte, dass im orphischen Prinzip sehr viel Therapeutik und Lebensdienlichkeit zu finden ist. „Die orphische (…) Welterfahrung negiert die Erfahrungsform, die die Welt des Leistungsprinzips aufrechterhält." Oder: „Orpheus ist der Archetyp des Dichters als Befreier und Schöpfer: er richtet eine Ordnung in der Welt auf – eine Ordnung ohne Unterdrückung." (H. Marcuse 1979, S. 144 u. S. 147f.)

Neben dem orphischen Prinzip ist es bei Marcuse das positiv besetzte Bild des gesunden Narziss, des primären Narzissmus (ebenda S. 146), in dem er ein weiteres Urbild der „Großen Weigerung" erkennt, eine Weigerung, die die Ersetzung des Lustprinzips durch das Realitätsprinzip nicht hinnehmen will: „Die Urbilder des Orpheus und des Narziß versöhnen Eros und Thanatos. Sie rufen die Erinnerung an eine Welt wach, die nicht bemeistert und beherrscht, sondern befreit werden sollte – eine Freiheit, die die Kräfte des Eros entbinden würde, die jetzt noch in den unterdrückten und versteinerten Formen des Menschen und der Natur gefesselt sind. Diese Kräfte werden nicht als Zerstörung, sondern als Friede begriffen, nicht als Schrecken, sondern als Schönheit." (ebenda S. 143) Und in der Tat war es ja so, dass Orpheus durch seinen Gesang sogar Felsen erweichte und zum Weinen brachte, dass er wilde Tiere befriedete und Konflikte auf dem Schiff der Argonauten schlichtete, wenn er seine Leier nahm und aufspielte. Orpheus der Mediator stiftet Frieden durch die harmonisierende Wirkung der Dichtung (zu Orphik, Tod, Therapeutik und Musik vgl. auch H. Saner 1999 u. 2000).

Alles Dichterische, alles Orphische hat aber auch etwas positiv Narzisstisches, denn „Dichter sind doch immer Narzisse" (F. Schlegel, zit. W. Menninghaus 2005, S. 52). Jede künstlerische Aktivität und alles, was mit Lebenskunst und Lebenskönnerschaft zu tun hat, hat auch etwas vom gesunden Narzissmus. So wie Narziss die Libido auf sich lenkte, so ist es die Grundvoraussetzung künstlerischen Tätigseins, den inneren Bildern, Ideen und Gestalten seine Achtsamkeit zu schenken und die Aufmerksamkeit von der Außenwelt abzuziehen. Das hat Freud gesehen, wenn er schreibt: „Wenn wir unseren seelischen Apparat gerade nicht zur Erfüllung einer der unentbehrlichen Befriedigungen brauchen, lassen wir ihn selbst auf Lust arbeiten, suchen wir Lust aus seiner eigenen Tätigkeit zu ziehen. Ich vermute, dass dies überhaupt die Bedingung ist, der alles ästhetische Vorstellen unterliegt, aber ich verstehe zu wenig von der Ästhetik, um diesen Satz durchführen zu wollen." (S. Freud 1905, S. 104)

Es gibt also den gestörten und den gesunden Narzissmus. Der psychisch kranke Narziss, das erklärt seine Störung sehr gut, ist durch sexuellen Missbrauch entstanden. Bei Ovid lesen wir: „Die wasserblaue

Nymphe Liriope, die einst der Cephisus mit den Windungen seines Stromes umschloß; der so in seinen Wellen Gefangenen tat er Gewalt an. Aus ihrem schwangeren Schoß gebar die wunderschöne Nymphe ein Kind, (...) sie nennt es Narcissus" (Ovid, zit. A.-B. Renger 1999, S. 45). Die tragische Zeugung des schönen Knaben erklärt vielleicht auch, warum Mutter Liriope vom Seher Tiresias wissen wollte, ob ihm ein langes Leben beschieden sei. Wollte sie ihn abtreiben? (A. K. Wucherer-Huldenfeld 1994, S. 290) Auf jeden Fall steht Liriope unter dem Verdacht, dass sie sich, als Mutter durch ihren Sohn ständig an dieses Trauma erinnert, vielleicht schwertat, ihrem Kind die Zuwendung zukommen zu lassen, die es für eine freie Entfaltung gebraucht hätte. Vielleicht ist das auch der Urgrund dafür, warum Narziss seine Libido auf sich selbst zurückgewendet hat. Der maladaptive Copingversuch, sich die Anerkennung wenigstens selbst zu geben, die er von außen, von seiner Mutter nicht bekommen hat. Übertriebene Selbstanerkennung aufgrund äußerer Anerkennungsvergessenheit. Vielleicht hat Narziss, als er älter wurde, auch darum jegliche Werber abblitzen lassen, weil in ihm eine mütterliche Angst weiterlebte, eine Art transgeneratives Trauma. Die Angst, „selbst zum Opfer ungewollten sexuellen Gebrauchs durch andere zu werden." (W. Menninghaus 2007, S. 45). Neben Narziss dem Traumatisierten gibt es noch einen anderen Narziss. Freud hat diese Dimension des Narzissmus in der Auseinandersetzung mit dem Romancier und Literaturnobelpreisträger Romain Rolland den „uneingeschränkten Narzissmus" genannt (S. Freud 1929/1930, S. 204). Ein Narzissmus, der nichts Pathologisches hat, der keine Trennung zwischen Ich und Außenwelt zulässt, der lediglich ein Stadium innerhalb der Entwicklung zum Ich markiert und der dem von Rolland beschriebenen „ozeanischen Gefühl" entspräche, jedoch ohne diesem Gefühl das zuzugestehen, was Rolland darin findet: nämlich den Ursprung der Religion (U. Baatz 1996, S. 143 – S. 163).

Im Bild des Narziss, der ja versucht, an die Quelle zu gehen, der versucht, seine Ressourcen zu entdecken, sie für einen kurzen Moment auch findet (der Moment, in dem der andere als Bild im Wasser auftaucht und Narziss eine nie zuvor empfundene Liebe erlebt), in diesem Bild läge die Erlösung. Würde Narziss wirklich erkennen, dass er es ja ist, der dort so liebenswert erscheint, hätte er seine Störung nicht mehr nötig. Die Geschichte gehört hier unterbrochen. An die Quelle gehen und in der Beschäftigung mit dem Ureigensten sich selber finden. Dass in der klassischen Erzählung tragischer Anfang und Ende der Geschichte im Wasser liegen, dass der Selbstheilungsversuch durch den Gang an die Quelle zum Untergang wird, symbolisiert die unerlöste Wiederholung, die in jedem wirklichen Trauma steckt. Narziss hätte wirklich und nicht nur scheinbar zur Quelle gehen müssen: „Narkissos müsste zurückgehen, vom ehemals unheilbringenden Fluß, vom Weiterdahintreibenden zurück zur Quelle (fons), zum Ursprung und Grund des Daseins, von woher die Bezüge zum Ganzen, zum Sein mit Anderen, für Andere und von Anderen her sich lichten." (A. K. Wucherer-Huldenfeld 1994, S. 292)

Zurückkommend auf den phänomenologischen Wesensunterschied von Musen und Sirenen wagen wir nun den Versuch einer allgemeinen mythopoetischen Psychopathologie. Wie am Beispiel der Sucht und Suchtbehandlung (Orpheus und die Sirenen) und am Beispiel des Wiederholungszwangs (Orpheus und Sisyphos) bereits angedeutet, scheint es so zu sein, dass der kleinste gemeinsame Nenner zwischen Sucht-, Zwang-, Wahn- und Traumaphänomenen etwas mit dem Sirenischen zu tun hat. Bei allen Unterschieden und differenzialdiagnostischen Aspekten (dies einmal in die phänomenologische Epoché genommen) zeichnen sich die genannten Phänomene dadurch aus, dass es einen unheimlich starken Attraktor gibt, der ähnlich wie die Sirenen alle Aufmerksamkeit auf sich zieht, damit eine erotische Mächtigkeit entfaltet, die gleichzeitig den partiellen psychischen Tod und damit den Verlust an Lebendigkeit mit sich bringt. Eines der

Hauptkriterien der Sucht ist ja der Kontrollverlust, man kann sich dem Attraktor nicht mehr entziehen, Ähnliches gilt für den Zwang, man muss eine Handlung immer und immer wieder ausführen oder eine Zwangsidee drängt sich auf höchst unangenehme Weise ständig in die Gedanken. Beim Wahn scheint es so zu sein, dass man nicht ab- oder umschalten kann und irgendwann gar keine Distanz mehr zum Wahngebilde hat, und im Trauma bricht eine schreckliche Erinnerung immer wieder ins Bewusstsein ein und verbrennt die richtungsgeleitete Aufmerksamkeit. Es scheint bei all diesen Phänomenen eine ästhetische Intensität am Werk zu sein, die schrecklich ist und ein partielles psychisches Versagen, eine Lähmung der Ich-Abwehr mit sich bringt. Die Steuerungsfähigkeit der Achtsamkeit und gerichteten Aufmerksamkeit wird immer wieder, passiv-aktiv einbrechend, von einem hochgefährlichen, irgendwie erotisch-tödlichen Attraktor besetzt.

In alten Zeiten hat man genau dasselbe Phänomen, das wir heute als psychische Störung und psychische Krankheit im medizinischen Sinne verstehen – und zu Recht so verstehen –, aus den metaphysischen und ontologischen Annahmen der damaligen Weltbilder heraus durchaus verständlich und logisch als „Besessenheit" durch eine transzendente Macht beschrieben. Die psychopathologischen Phänomene, die heute je nach Paradigma eher psychologistisch, biologistisch, bio-psycho-sozial oder noo-bio-psycho-sozial erklärt werden, wurden in vergangener Zeit als Besessenheitsphänomene beschrieben – eine Ursachendeutung, die es auch heute noch zu überwinden gilt. Losgelöst von Kausalinterpretationen sind die Phänomene aber dieselben geblieben. Die grundlegenden Inhalte von Süchten, Zwängen, Wahnvorstellungen und Traumata mögen sich geändert haben, die Grundphänomene selbst sind dieselben geblieben. Innerhalb einer allgemeinen mythopoetischen Psychopathologie eignen sich der Mythos der Sirenen und die Erzählung von den Musen auf ausgezeichnete

Weise, um einen Wesenszug der Störung und der Heilung durchsichtig zu machen.

Zurück zur Ausgangsüberlegung: Die Steuerungsfähigkeit der Achtsamkeit und gerichteten Aufmerksamkeit, die natürliche Selbstverständlichkeit wird bei den psychopathologischen Phänomenen Sucht, Zwang, Wahn, Trauma immer wieder, passiv-aktiv einbrechend, von einem hoch gefährlichen, irgendwie erotisch-tödlichen Attraktor geraubt, so sagten wir. Sucht, Zwang, Wahn, Trauma leisten das, was Sirenen bewirken. Zur Sucht- und Besessenheitsprävention, sei es eine fixe Wahn- oder Zwangsidee, eine immer wiederkehrende unangenehme Erinnerung, ein Trauma oder die generelle Besessenheit durch Negativphänomene und den bei Depressionen oft zu beobachtenden Negativismus und die Konzentration auf die traurigen und scheußlichen Dinge des Lebens, gegen die sirenisch-tödliche Besessenheit, empfiehlt sich die orphische Strategie und die „Eingeistung", „Wahnsinnigkeit" oder gute und rechte Art der „Besessenheit" durch die Musen. Wer in seinem Leben mit Hilfe der Musen die eigene Stimme, das eigene Wort und das eigene Sein findet, wer die gute Selbstvergessenheit des Spiels immer wieder bewusst aufsucht und pflegt, der verliert sich nicht und kommt nicht vom Kurs seines Lebens ab. Wer in seinem Innern einen Platz für die Musen schafft, der hält seine Seele von anderen Besetzungen frei. Denn die Musen wohnen nicht an irgendeinem Ort: Wo sie sind, befinden sich auch die Götter, wie es bei Hesiod heißt. [Das, meine liebe Hannah, vergiss nie!]

Spielgefährten: Mitspieler, Gegenspieler, Spielverderber

Im Laufe des Lebens lernt man viele Menschen kennen und lieben. Freundschaften und Liebschaften entstehen, Menschen kommen, manche bleiben und einige gehen. Ausgewählte, nahe stehende, ganz nahe stehende werden zu Begleitern und Weggefährten. Es ist viel gesagt und gedacht worden über Eros, Phila und Agape, die drei Weisen, wie man lieben kann. Eros ist die begehrende Liebe, man hält es nicht aus, wenn das begehrte Wesen einem zu lange nicht zur Seite ist. Die Seele brennt, glüht und verlangt nach der Nähe des anderen. In der erotischen Liebe brennt die Seele so sehr, dass sie den andern berühren muss, ganz nah und eng beim anderen sein. Die erotische Liebe ist die Form der Liebe, durch die der Mensch nach so großer Nähe verlangt, dass daraus neues Leben entspringen kann. Ozeanisches Gefühl, Verschmelzung, Orgasmus, Schwangerschaft und Geburt, das ist der Weg, den die erotische Liebe vorzeichnet und gehen kann. Es gibt Leute, Vertreter des Sexualmystizismus, die behaupten, dass der Sexualakt etwas Heiliges und sogar Ursprung der Religion sei. „(…) Der Sexualakt ist der Mittelpunkt des Daseins und der Augenblick, in dem der Mensch zum Gott wird. Die Sexualität ist der metaphysische Ursprung von Geist, Seele und Religion." (vgl. H. F. Ellenberger 1970, S. 758) Über das Naheverhältnis von Erotik und Religion ist viel gesagt worden. Georges Bataille, ein Meister auf diesem Gebiet, hat sogar einmal die These aufgestellt: „Indem der Mensch die Erotik aus der Religion ausklammerte, ließ er diese zu einer utilitaristischen Moral verkümmern. Und indem die Erotik den Charakter des Heiligen verlor, wurde sie unrein." (G. Bataille 1993, S. 78) Man muss das Begehren und den Eros walten lassen, sonst entsteht großes Unheil, die Kraft des Eros ist zu groß, zu wichtig, man kann und soll die erotische Liebe und das Verlangen nicht unterdrücken. Manche, wie etwa Wilhelm Reich, gehen so weit, dass sie behauten, dass sogar der Krieg aus der Verdrängung der Sexualität entsteht. Kann sich die explosive Kraft der Sexualität nicht dort entladen, wo sie hingehört, dann wird aus der lebenserhaltenden Zeugungskraft des Eros eine das Leben vernichtende Destruktion. Aus Eros wird Thanatos, aus Sexualität eine Pathologie. Mit Nietzsche: „Das Christentum gab dem Eros Gift zu trinken – er starb zwar nicht daran, aber entartete, zum Laster." (F. Nietzsche 1993a, S. 85) Ungefährlicher und seltener ist die zweite Weise, wie man lieben kann, die Agape. In der agapeischen Liebe liebt und gibt der Liebende ganz, er schenkt und verlangt keine Gegengabe, das ist eine Liebe, die auch dann noch liebt, wenn keine Liebe zurückkommt. Eine Liebe, die, wenn sie einmal begonnen hat zu lieben, nie mehr aufhört zu lieben. Vielleicht die Liebe, die Eltern für ihre Kinder empfinden. Wenn Eltern so lieben können, ist das ein Segen für ein Kind. In der Regel wurde die agapeische Liebe als die Liebe gedacht, mit der Gott die Menschen liebt. Da wir keine Götter sind, können wir diese Form der Liebe am ehesten verstehen, wenn wir liebende Eltern hatten oder liebende Eltern sind. Eine ganz besondere Form der Liebe, vielleicht zwischen Agape und Eros stehend, ist die Freundesliebe. Ein Freund, ein guter Freund, das ist das Schönste, was es gibt auf der Welt, heißt es in einem alten Lied. Die Freundesliebe zeichnet sich unter anderem dadurch aus, dass der jeweils andere es gut aushält, den Freund nicht oft zu sehen. Manchmal trennen Freundschaften mehrere Tausend Kilometer, und in manchen Freundschaften, nachdem sie einmal gestiftet sind, sehen sich die Freunde nur ein oder zweimal im Jahr. Berufliche und neue Lebensmittelpunkte lassen Begegnungen zwischen Freunden dann unter Umständen selten werden. Das tut einer Freundschaft aber keinen Abbruch. Die Freundesliebe ist einerseits frei von erotischem Begehren, was langes Nichtsehen möglich und leicht macht, sie ist andererseits aber auch nicht so frei und selbstlos wie die agapeische Liebe. Wir wünschen, dass nicht nur wir den Freund, sondern dass auch der Freund uns liebt. Aristoteles hat verschiedene Arten der Freundschaft beschrieben und gezeigt, dass nicht jede Freundschaft auch Philia, Freundesliebe ist. Eine sich auf gegenseitigen Profit gründende Freundschaft, eine Partnerschaft oder Kooperation, die wohl schwächste Form der Freundschaft, verliert ihren Wert und Zweck, wenn der Grund der Beziehung, der gegenseitige Profit nicht mehr gewährleistet ist. Eine zweite Form der Freundschaft, die „Lustfreundschaft", die im gemeinsamen Spaß- und Lusterleben gründet, ist ebenfalls sehr labil. Man genießt etwas gemeinsam, teilt den Geschmack des anderen, mit dem man etwas unternimmt, doch ohne affektiv an die geistige Person des anderen, an das Ethos des anderen gebunden zu sein. Die wahre Freundschaft oder eigentliche Freundschaft, die Phila, ist die nachhaltigste, ehrlichste und schönste Form der Freundschaft. Die vierte Form der Freundschaft, die Selbstfreundschaft, die Idee, mit sich selbst befreundet zu sein, ist eine Sonderform der Freundschaft und beschreibt den Bezug zu sich selbst, der wahrscheinlich die Voraussetzung für die Phila ist, oder zumindest gleichzeitig mit der Fähigkeit zur wahren Freundschaft vorkommt. Wenn das Leben ein Spiel ist, dann sind die wahren Freunde unsere Spielgefährten. Man spielt und bevorzugt dieselben Spiele, man ist auf derselben Spur und verfolgt dieselbe Fährte. Wahre Freunde spielen sich gegenseitig den Ball zu, sie lachen, weinen und tanzen miteinander, sie helfen sich in schwierigen Situationen und sind da, wenn die Seele brennt. Ohne wahre Spielgefährten, ohne Freunde fehlt etwas im Leben. Freundschaften gehören gepflegt, beschützt und gehütet und vor allem soll man sich nicht zu viele Gedanken über Freundschaften machen. Martin Buber, der wohl bekannteste unter einer ganzen Reihe von Dialog- und Begegnungsphilosophen, der ein ganzes Buch über das rechte Verhältnis zwischen Ich und Du geschrieben hat, meint, dass „alles wirkliche Leben Begegnung" sei. (M. Buber 1999, S. 12) Freundschaftliche Zuwendung, Begegnung wird bei ihm zur Grundformel für jeden Seinsbezug. Begegnung in der Freundschaft, Begegnung zwischen Ich und Du, erfahren wir nahezu als Gnade (S. 11). Im Wort Begegnung steckt das Wort Gegend, das zu verdeutlichen vermag, was mit wahrer Begegnung gemeint sein könnte. In der Begegnung spricht mit, von woher sich der andere versteht und von woher er die Dinge versteht. In der Begegnung spricht mit, woher der andere kommt und wo er sich aufhält, die Gegend aus der er kommt. Nicht nur durch die Anzeige des Dialekts oder der Sprache, die einer spricht, erfahren wir in der Begegnung von der Gegend des anderen, sondern in einem Tiefenverständnis heißt Begegnung immer auch ein Stück weit in die Gegend mitzugehen, von der her einer die Welt und die Dinge sieht. Heidegger, der über das Wesen der Gegend und „die Gegnet" nachgedacht hat (M. Heidegger 1944/45, S. 113 ff.), übersetzte das altgriechische Wort Ethos, das sich im Begriff der Ethik ausgedünnt wiederfindet, mit Aufenthalt. (vgl. M. Heidegger 1946a, S. 356) Das Ethos eines Menschen, das Auskunft darüber gibt, wie einer im Innersten ist, sagt auch, wo sich der jeweilige Mensch aufhält, sagt, von was sich der Betreffende auf- und anhalten lässt, wo er hauptsächlich ist und verweilt. Wo einer primär verweilt, von dort her wird er bestimmt. Wer die Welt aus der Froschperspektive sieht, wer sich primär in Sümpfen und Tümpeln aufhält, dem wird die Welt zum Biotop. Wer die Höhe, den Himmel, die Wolken und die Winde liebt, der sieht die Welt aus der Vogelperspektive. Beides ist die Welt. Im Ethos zeigt sich der Hauptaufenthalt eines Menschen. Wer viel beim Schönen verweilt, dem wird die Welt zum Fest. Wer sich nur beim Dunklen und Dramatischen des Lebens aufhält, dem wird die Welt zum Jammertal. Man kann sich entscheiden, ob man im Leben eine Wunde oder eine Blume bewohnen möchte. Jemandem zu begegnen, heißt in die Gegend gehen, in der einer wohnt. Jemandem zu begegnen, heißt mitzubekommen, mit welchen Dingen sich einer abgibt, von welchen Dingen er umgeben ist und was im Laufe der Zeit auf ihn abgefärbt hat. Dass es entscheidend ist, welchen Vorstellungen man sich hingibt, für welche Überlegungen man sich öffnet oder nicht, das wusste bereits Marc Aurel. „Die Grundverfassung deiner Seele wird so sein wie die Vorstellungen, denen du nachhängst. Denn die Seele wird von den Vorstellungen gefärbt." (Marc Aurel 2008, S. 71)

Von welchen Vorstellungen die Seele des anderen gefärbt wurde, ob es ähnliche Vorstellungen und Einfärbungen sind wie die eigenen, das ahnt und weiß man oft noch bevor man den anderen richtig kennengelernt hat oder ein wirkliches Gespräch mit ihm geführt hat. In den Sympathie- und Antipathiegefühlen, die man gegenüber jemandem hegt, die sich vorreflexiv sofort einstellen, erkennt man unbewusst, ob einer von denselben Dingen berührt und ergriffen ist wie man selbst. Das Pathos, das ja so viel wie Berührt- und Ergriffensein meint, ist dasselbe oder ein anderes. In den Sympathiegefühlen bekundet sich die Ahnung, dass das Alter Ego in derselben Welt lebt wie das Ego, dass dem Ich und Du die Dinge ähnlich singen, dass dieselben Schlüsse aus ähnlichen Ereignissen gezogen wurden, dass es eine Verwandtschaft im Betrachten und eine ähnliche Seelentemperatur zwischen mir und dem anderen gibt. All das bekundet sich vorreflexiv in den Sympathiegefühlen.

Wenn hingegen bei jemandem eine grundlegende Verweigerungshaltung besteht und eine hartnäckige Unfähigkeit, anderen zu begegnen diagnostiziert werden muss, was bei antisozialen Persönlichkeiten vielleicht der Fall ist, dann heißt das, dass einer seinen Standpunkt, seine Gegend, von woher er die Dinge sieht und denkt, nicht bereit ist zu verlassen. Er wagt es nicht, in die Gegend des jeweiligen anderen zu gehen. Der Beziehungsmodus Ich und Du steht bei Martin Buber für die Fähigkeit zur wahren Begegnung. Im Modus Ich und Es, in dem nicht mit dem anderen, sondern über den anderen gesprochen wird, wird der andere zum Es, zu etwas, dem Dinge unterstellt oder in den Mund gelegt werden. Die Ich-Du-Welt und die Ich-Es-Welt sind bei Buber letztlich zwei Beschreibungen für Nähe und Ferne zu Menschen und Dingen. Gespräch und Dialog auf der einen und monologisierende Weltaneignung auf der anderen Seite. Was bei Buber ausbleibt, ist die Frage, warum aus Ich und Du, aus einer möglichen Freundschaft oft eine Herrschaftsbeziehung wird. Die Frage, warum aus Mitspielern und Spielgefährten Gegenspieler werden, warum aus Ich und Du Herr und Knecht werden. Hegel, Marx, Nietzsche und viele andere haben darüber nachgedacht. In Hegels „Phänomenologie des Geistes", die unter anderem die Gestalten der Selbstverwirklichung und des Zu-sich-Kommens des menschlichen Geistes beschreibt, gibt es ein berühmtes Kapitel über Herr und Knecht. (vgl. G. F. W. Hegel 1988) Hegel denkt die Beziehung zwischen Ich und Du zunächst aus der Perspektive des Kampfes, des Zweikampfes bzw. des Kampfes um Anerkennung, in dem das eine Ego versucht, das Alter Ego zu besiegen und zu bezwingen. Im Kampf um gegenseitige Anerkennung, im Kampf zwischen zweien siegt der, der mehr riskiert, der wagemutiger ist und im Kampf sein Leben aufs Spiel setzt, so Hegel. (vgl. E. Coreth u. a. 1989, S. 67 f.) Aus diesem Kampf gehen Sieger und Verlierer, Herr und Knecht hervor. Der Herr hat fortan einen Knecht, der für ihn arbeitet und der den Herrn als Herrn anerkennt, anerkennen muss. Der Herr hingegen muss all das, was dem Knecht wichtig ist, nicht anerkennen, das hat der Herr nicht nötig. Allerdings, und das ist die nächste Stufe der Herr-Knecht-Dialektik, ist eine wirkliche und bereichernde Anerkennung nur die, die einem Herrn durch einen zuteilwird, der seinerseits anerkannt ist. Was nützt dem Feudalherren die Anerkennung seiner Untertanen? Den Untertanen bleibt nichts anderes übrig und der Herr weiß nie, ob die Anerkennung wirklich und ehrlich gemeint oder eben nur gespielte Anerkennung ist, da die Anerkennung ja nicht aus der Freiheit der Untertanen, sondern aus deren Rolle kommt. Die Anerkennung durch einen anderen ist nur dann etwas wert, wenn der Anerkennende selbst ein Anerkannter ist. Für die Dialektik von Herr und Knecht hat das radikale Konsequenzen. Der Herr müsste die Rolle des Herrn aufgeben und den Knecht von der Dienerrolle entbinden. Erst wenn der Knecht frei und damit kein Diener mehr wäre, wäre der Herr in der Lage, von einem Gleichwertigen auf Augenhöhe anerkannt zu werden. Da die wenigsten Herren dieser Welt wahrscheinlich für diesen Akt der Entlassung der Knechte aus ihrem Dienst zu gewinnen sind, ist die Sprengung der fatalen Herr-Knecht-Situation, denn schließlich ist weder der Herr noch der Knecht ein wirklich Anerkannter, Aufgabe der Unterdrückten. Das ist der Einsatz für Marx, der aus der deutschen Philosophie (Kant, Feuerbach) und insbesondere der hegelschen Dialektik, der britischen Nationalökonomie (Smith, Ricardo) und inspiriert durch den französischen Frühsozialismus (Fourier, Proudhon), eine materialistische Geschichtskonstruktion macht, welche die Karten zwischen Herr und Knecht neu mischt. Schaut man in die Geschichte, dann findet man eine Konstante: die Spannungen zwischen Herr und Knecht, der Kampf zweier antagonistischer Klassen und die daraus entstehenden Unruhen und Kriege. Im Manifest der Kommunistischen Partei von Marx und Engels heißt es: „Die Geschichte aller bisherigen Gesellschaft ist die Geschichte von Klassenkämpfen. Freier und Sklave, Patrizier und Plebejer, Baron und Leibeigener, Zunftbürger und Gesell, kurz, Unterdrücker und Unterdrückte standen in stetem Gegensatz zueinander, führten einen ununterbrochenen, bald versteckten, bald offenen Kampf, einen Kampf, der jedes Mal mit einer revolutionären Umgestaltung der ganzen Gesellschaft endete oder mit dem gemeinsamen Untergang der kämpfenden Klassen." (K. Marx, F. Engels 1848, S. 19 f.) Bourgeoisie, Unternehmer und die Unteren der Gesellschaft, von denen die Unternehmer nehmen, die Proletarier, sind die zwei antagonistischen Klassen, die Marx und Engels in ihrer eigenen Zeit, der Industriellen Revolution, vorfinden. Das beginnende Maschinenzeitalter im 18. und 19. Jahrhundert und eine Reihe von Erfindungen und Innovationen, von der Dampfmaschine zur Lokomotive und dem Entstehen der Fabriken, führte zu einer extremen Produktionssteigerung und zu einem radikalen Umbau der Arbeit, was vor allem das Sein und das Selbstverständnis der Knechte dieser Epoche, der arbeitenden Klasse, traf. „Die Arbeit wurde immer mehr unter die einzelnen Arbeiter geteilt, so dass der Arbeiter, der früher ein ganzes Stück Arbeit gemacht hatte, jetzt nur einen Teil dieses Stückes machte. Diese Teilung der Arbeit (...) reduzierte die Tätigkeit eines jeden Arbeiters auf einen sehr einfachen, jeden Augenblick wiederholten mechanischen Handgriff, der nicht nur ebenso gut, sondern noch viel besser durch eine Maschine gemacht werden konnte." (ebenda S. 58) Massenarbeitslosigkeit, das Entstehen einer „industriellen Reservearmee", das Drücken der Löhne, die Verelendung der arbeitenden Klasse und die Tatsache, dass der „Arbeiter" zum „Zubehör der Maschine" (ebenda S. 27) wird, sind ein paar Symptome des Entfremdungszusammenhanges, den Marx und Engels durch Revolution und Abschaffung des Privateigentums, das ja letztlich die Herrschaftsbeziehungen legitimiert, erreichen möchten. Aus Ich und Du, aus Spielgefährten werden dann Herren und Knechte, werden dann Gegenspieler, wenn die einen für den Reichtum der anderen arbeiten müssen, so die marxistische Erklärung, warum aus Spiel Todernst wird. „Die Arbeit produziert Wunderwerke für die Reichen, aber sie produziert Entblößung für den Arbeiter. Sie produziert Paläste, aber Höhlen für den Arbeiter. Sie produziert Schönheit, aber Verkrüppelung für den Arbeiter. Sie ersetzt die Arbeit durch Maschinen, aber sie wirft einen Teil der Arbeiter zu einer barbarischen Arbeit zurück und macht den andren Teil zur Maschine. Sie produziert Geist, aber sie produziert Blödsinn, Kretinismus für den Arbeiter." (K. Marx 1844, S. 513) Die Arbeit, die im besten Fall Spiel, Vergnügen und Leichtigkeit ist, die Teil eines Selbstverwirklichungsprozesses sein kann, in dem ein Ich durch seine Tätigkeit zu sich selbst findet, in dem ein Ich zur Freiheit seiner selbst geführt wird, ist für die Knechte dieser Welt eine zerstörerische und krank machende Entfremdung.

Die Entfremdung des Menschen durch die Arbeit ist dreifacher Natur. Erstens hat der Arbeiter, da er den Gegenstand seiner Tätigkeit nicht frei wählt und durch die Teilung der Arbeit unter Umständen nur einen kleinen Handgriff verrichtet bzw. nicht die Möglichkeit hat, sein Sein in das von ihm hergestellte Produkt einzubringen, keinen Bezug zu dem von ihm hergestellten Gegenstand. Der Arbeiter entfremdet sich also vom Gegenstand seiner Arbeit, er erzeugt ein Produkt, das ihm nicht nur nicht gehört, sondern dem er fremd gegenübersteht. Zweitens, dadurch dass der Arbeiter sein Sein, seine Arbeitskraft und einen erheblichen Teil seiner Lebenszeit in den Gegenstand legt, entfremdet sich der Arbeiter auch von sich und seinem Leben. Das ist das, was Marx als die Selbstentfremdung durch die Arbeit im Gegensatz zur Selbstverwirklichung durch die Arbeit beschreibt. Arbeit als Zwangsarbeit bzw. Arbeit als Spiel können wir für unseren Kontext übersetzen. Erst wenn alle Menschen sich in der Arbeit spielerisch verwirklichen, hört die Entfremdung durch die Arbeit auf. Worin besteht die Selbstentfremdung durch die Arbeit? Darin, dass sich der Arbeiter „in seiner Arbeit nicht bejaht, sondern verneint, nicht wohl, sondern unglücklich fühlt, keine freie physische und geistige Energie entwickelt, sondern seine Physis kasteit und seinen Geist ruiniert. Der Arbeiter fühlt sich daher erst außer der Arbeit bei sich und in der Arbeit außer sich. Zu Hause ist er, wenn er nicht arbeitet, und wenn er arbeitet, ist er nicht zu Hause. Seine Arbeit ist daher nicht freiwillig, sondern gezwungen, Zwangsarbeit. Sie ist daher nicht die Befriedigung eines Bedürfnisses, sondern sie ist nur ein Mittel, um Bedürfnisse außer ihr zu befriedigen. Ihre Fremdheit tritt darin rein hervor, daß, sobald kein physischer oder sonstiger Zwang existiert, die Arbeit wie die Pest geflohen wird. Die äußerliche Arbeit, die Arbeit, in welcher der Mensch sich entäußert, ist eine Arbeit der Selbstaufopferung, der Kasteiung. Endlich erscheint die Äußerlichkeit der Arbeit für den Arbeiter darin, daß sie nicht sein eigen, sondern eines andern ist, daß sie ihm nicht gehört, daß er in ihr nicht sich selbst, sondern einem andern angehört." (K. Marx 1844, S. 514) Der Prozess der Selbstentfremdung durch die Arbeit gipfelt dann, und das ist die dritte Form der Entfremdung, in der Entfremdung vom Mitmenschen, in der Entfremdung zwischen Ich und Du. Wer mit dem Produkt seiner Arbeit nichts zu tun hat, wem seine Tätigkeit fremd ist und wer diese Fremdheit acht Stunden am Tag, fünf Tage in der Woche, 11 Monate im Jahr und dreißig oder vierzig Jahre seines Lebens erlebt, der wird sich nicht nur selber fremd, sondern dem werden auch seine Mitmenschen fremd und gleichgültig. „Eine unmittelbare Konsequenz davon, dass der Mensch dem Produkt seiner Arbeit, seiner Lebenstätigkeit, seinem Gattungswesen entfremdet ist, ist die Entfremdung des Menschen von dem Menschen." (K. Marx 1844, S. 517) Die Forderung, die aus dieser Analyse folgt, ist bekannt. Die Aufhebung der entfremdeten Arbeit und die Abschaffung des Staates, der diese Entfremdungszusammenhänge durch das Gesetz legitimiert. Im Übrigen gibt es bei Engels eine interessante Deutung des Alkoholismusproblems, das damals unter den Proletariern verbreitet war. Alkohol gehört sicher zu den Mitteln, die aufgrund ihrer entspannenden Wirkung leicht Abnehmer finden. Allerdings war es zur Zeit der Industrialisierung so, dass die industrielle Produktionssteigerung und eine Reihe von Erfindungen dazu geführt haben, dass massenhaft Alkoholika erzeugt wurden. Wo das Angebot ausufert, da muss Kundschaft im großen Stil gefunden werden. Daher wurde an manchen Orten die mühsam verrichtete Arbeit in Form von Alkoholika als Naturallohn vergütet. In vielen Fabriken war es sogar üblich, dass den Arbeitern während des 12- bis 16-stündigen Arbeitstages kostenlos Schnaps geboten wurde, damit sie die Arbeitsbelastungen überhaupt aushalten konnten. (vgl. I. Vogt 1982, S. 208) Der andere, verständliche Grund, warum der Arbeiter für den Alkohol empfänglich wurde, ist in der Entfremdung der Arbeit selbst begründet, so deutete es zumindest Friedrich Engels und nahm damit eine sozialpsychiatrische Interpretation des Alkoholproblems vorweg. Der Alkoholismus der Arbeiter ist etwas, das die Gesellschaft selbst produziert und in Kauf nimmt. Alkohol fungiert als

Selbstmedikation der entfremdeten Lebensverhältnisse und wird als Tröster und Sorgenbrecher eingesetzt.

„Alle Lockungen, alle möglichen Versuchungen vereinigen sich, um die Arbeiter zur Trunksucht zu bringen. Der Branntwein ist ihnen fast die einzige Freudenquelle, und alles vereinigt sich, um sie ihnen recht nahezulegen. Der Arbeiter kommt müde und erschlafft von seiner Arbeit heim; er findet eine Wohnung ohne alle Wohnlichkeit, feucht, unfreundlich und schmutzig; er bedarf dringend einer Aufheiterung, er muß etwas haben, das ihm die Arbeit der Mühe wert, die Aussicht auf den nächsten sauren Tag erträglich macht; (...) sein geschwächter Körper, geschwächt durch schlechte Luft und schlechte Nahrung, verlangt mit Gewalt nach einem Stimulus von außen her; sein geselliges Bedürfnis kann nur in einem Wirtshause befriedigt werden, er hat durchaus keinen andern Ort, wo er seine Freunde treffen könnte – und bei alledem sollte der Arbeiter nicht die stärkste Versuchung zur Trunksucht haben, sollte imstande sein, den Lockungen des Trunks zu widerstehen? Im Gegenteil, es ist die moralische und physische Notwendigkeit vorhanden, daß unter diesen Umständen eine sehr große Menge der Arbeiter dem Trunk verfallen muß. Und abgesehen von den mehr physischen Einflüssen, die den Arbeiter zum Trunk antreiben, wirkt das Beispiel der großen Menge, die vernachlässigte Erziehung, die Unmöglichkeit, die jüngeren Leute vor der Versuchung zu schützen, in vielen Fällen der direkte Einfluß trunksüchtiger Eltern, die ihren Kindern selbst Branntwein geben, die Gewißheit, im Rausch wenigstens für ein paar Stunden die Not und den Druck des Lebens zu vergessen, und hundert andere Umstände so stark, daß man den Arbeitern ihre Vorliebe für den Branntwein wahrlich nicht verdenken kann. Die Trunksucht hat hier aufgehört, ein Laster zu sein, für das man den Lasterhaften verantwortlich machen kann, sie wird ein Phänomen, die notwendige, unvermeidliche Folge gewisser Bedingungen auf ein, wenigstens diesen Bedingungen gegenüber, willenloses Objekt. Diejenigen, die den Arbeiter zum bloßen Objekt gemacht haben, mögen die Verantwortlichkeit tragen." (F. Engels 1845, S. 331 f.)

Wie die Arbeit in einer befreiten, antikapitalistischen Gesellschaft, in der es kein Privateigentum, keine Herren und Knechte mehr gibt, aussieht, das kann man erahnen. Die Arbeit wäre in so einer Gesellschaft ein Medium der Selbstverwirklichung für alle, die Arbeit hätte sehr viel mit dem Spiel zu tun oder vielleicht könnte man sogar sagen, dass die Aufhebung der entfremdeten Arbeit dann auch die Differenz zwischen Arbeit und Spiel aufheben würde, oder die zwischen Kunst und Leben. Solche Überlegungen finden sich sogar bei Denkern, die eher dem konservativeren Spektrum zugerechnet werden, konservativ, weil sie das Feuer der philosophischen Tradition bewahren wollen. So meinte etwa Hans-Georg Gadamer in diesem Zusammenhang: „Es ist die Erfahrung einer entfremdeten Welt, wenn auf dem Gegensatz zwischen Leben und Kunst bestanden wird, und es ist eine Abstraktion, die gegen die Verwobenheit von Kunst und Leben blind macht, wenn man die universale Reichweite und ontologische Dignität des Spieles verkennt." (H.-G. Gadamer 1977, S. 93) In einer nicht entfremdeten Welt würden die Beziehungen zwischen Ich und Du keine Herrschaftsverhältnisse mehr kennen und hätten sehr viel von der Beziehung zwischen Spielgefährten und Mitspielern. Ein schöner Traum, der noch auf seine Verwirklichung wartet. Es ist fatal, die Lehre von Marx und Engels, diesen schönen Traum vom besseren Leben, mit den politischen Totalitarismen zu verwechseln, die oft unter dem Namen des Marxismus verübt wurden. Sollte doch bereits Marx gemeint haben, vielleicht in Vorahnung, was da kommen könnte, wie Engels in zwei Briefen erwähnt: „Eines ist sicher, was mich betrifft, ich bin kein Marxist." (K. Marx bei F. Engels 1882/1890). Wie man die Lehre Jesu' wohl kaum für die Inquisition, die Hexenverbrennungen, die Glaubenskriege der Christen und die Welle der sexuellen Missbräuche durch pädophile Theologen, die derzeit täglich neu ans Licht kommen, verantwortlich machen kann, so kann man den Traum vom besseren Leben, den Marx und Engels träumten, wohl kaum für die Gulags und all die Schrecken kommunistischer Diktaturen verantwortlich machen. Warum der Traum vom besseren Leben, sei es der christliche oder der sozialistische, so leicht zum Albtraum wird, steht auf einem anderen Blatt und soll hier nicht zur Sprache kommen. (vgl. M. Poltrum 2011) Neben Hegel und Marx hat unter anderen auch Nietzsche über das Verhältnis von Ego und Alter Ego nachgedacht. Zur Dialektik von Herr und Knecht denkt Nietzsche die Rolle der Moral hinzu. Ähnlich wie Hegel beschreibt Nietzsche in „Zur Genealogie der Moral", das wohl eines seiner systematischsten Bücher darstellt, die Urgeschichte der Menschheit als Kampf von Herren und Knechten. Ein Nebeneffekt dieses Kampfes ist die Entstehung der Moral. Die Moral ist also nichts Edles, sondern hat einen schmutzigen und dunklen Ursprung. Doch wie soll man das genau verstehen? Aus dem Kampf zwischen Ich und Du gehen Herren und Knechte hervor, das ist auch bei Nietzsche so, der an die Urgeschichte der Menschheit ebenfalls den Kampf um Anerkennung setzt. Die Aggressions-, Hass-, Wut- und Rachegefühle, welche die Knechte gegenüber den Herren hegen, die sie ja unterworfen haben, können sich nicht nach außen in Richtung Herren entladen. Dazu sind die Knechte zu schwach und die Furcht vor der Strafe durch die Herren ist zu groß. Die einzige Möglichkeit des Gegenangriffes der Unterdrückten ist die, dass die Rache- und Hassgefühle verfeinert, vergeistigt, „sublimiert" und „subtilisiert" werden (F. Nietzsche 1993, S. 58). Die Rache wird erfinderisch und erschafft sich ein symbolisches Universum, in dem das Verhältnis von Herr und Knecht umgekehrt wird. Die Letzten werden die Ersten sein und die Kranken, Schwachen und Hässlichen werden in das Reich eingehen. Die Erfindung der Moral, das Aufstellen eines Kanons an Verboten und die Konstruktion eines strafenden Gottes, der stellvertretend für die Knechte die Herren für ihre Taten bestraft, wären nach Nietzsche Varianten, wie sich der Hass der Unterlegenen entäußert und Luft verschafft. Es ist nichts als pure Ag-

gression und Racheinstinkt der Knechte am Werk, „wenn die Unterdrückten (…) aus der rachsüchtigen List der Ohnmacht heraus sich zureden: ‚lasst uns anders sein als die Bösen, nämlich gut! Und gut ist Jeder, der (…) Niemanden verletzt, der nicht angreift, der nicht vergilt, der die Rache Gott übergibt, der sich wie wir im Verborgenen hält, der allem Bösen aus dem Wege geht und wenig überhaupt vom Leben verlangt, gleich uns den Geduldigen, Demütigen, Gerechten' – (…)."
(F. Nietzsche 1993, S. 35 f.) Aus der Not der Unterlegenheit wird eine Tugend gemacht und die Ideale gut und böse werden fabriziert, das Tun der Herren mit „böse" belegt und das eigene Tun, das eher ein passives Erdulden denn ein Tun war, mit „gut" betitelt. Die gebührende Strafe für die Taten der Herren, zu der die Knechte nicht in der Lage sind, wird dann stellvertretend für die Knechte irgendwann einmal Gott übernehmen. Die Vorstellung, dass es nach dem Tod eine Hölle gibt, in der die Unterdrücker dann auch leiden werden, ist ein Rachegedanke, mit dem die Knechte ihr Los besser ertragen und den Herren dieser Welt in ihre Suppe spucken, sodass die Herren ihren Reichtum nicht genießen können. Man kann und traut sich auf Erden nicht zurückzuschlagen und macht Gewaltfreiheit zum Ideal. Wenn dir einer auf die rechte Wange schlägt, dann halte auch die andere Seite hin, heißt es dann. Die Moral und die Idee von gut und böse ist nach Nietzsche eine Gestalt der Rache und des Ressentiments, eine Moral, welche die Sklaven zur Rache an den Herren in die Welt gebracht haben. Mit der Moral, wenn sie nicht ehrlich gemeint ist, sondern primär aus dem Geiste der Entwertung der anderen, der Abwertung der anderen und der dadurch gleichzeitig vollzogenen Aufwertung der eigenen Person entspringt, wenn sie also aus dem Geiste des Ressentiments und dem Vorgang entspringt, den anderen klein zu machen, so dass man dadurch selber groß wird, kommt ein ungeheuerliches Gift in die Welt. Menschen, die voll von diesem Gift sind, werden zu extremen Spielverderbern. Man kann aber auch zum Spielverderber seines eigenen Lebens werden, wenn man die Verant-

wortung für sein Spiel nicht übernimmt, wenn man sein Lieblings-spiel nicht spielt und irgendjemand schuldig und verantwortlich dafür macht, dass man sein Leben nicht lebt. Man hat sich eigentlich nicht getraut, seine großen Träume zu träumen, war vielleicht zu ängstlich, alles zu wagen, und sucht einen Schuldigen, warum man sein Leben nicht gelebt und warum einem sein Leben nicht zum Spiel, zum schönen Spiel wurde. Wenn das passiert, dann hat einen das Ressentiment selbst gepackt, man leidet dann, leidet aus eigenem Verschulden und schiebt die Schuld anderen in die Schuhe. Auch hier hat der Tiefenpsychologe Nietzsche einiges gesehen. „‚Irgend Jemand muss schuld daran sein, dass ich mich schlecht befinde' – diese Art zu schliessen ist allen Krankhaften eigen, (…). Die Leidenden sind allesammt von einer entsetzlichen Bereitwilligkeit und Erfindsamkeit in Vorwänden zu schmerzhaften Affekten; sie geniessen ihren Argwohn schon, das Grübeln über Schlechtigkeiten und scheinbare Beeinträchtigungen, sie durchwühlen die Eingeweide ihrer Vergangenheit und Gegenwart nach dunklen fragwürdigen Geschichten, wo es ihnen freisteht, in einem quälerischen Verdachte zu schwelgen und am eignen Gifte der Bosheit sich zu berauschen – sie reissen die ältesten Wunden auf, sie verbluten sich an längst ausgeheilten Narben, sie machen Übelthäter aus Freund, Weib, Kind und was sonst ihnen am nächsten steht. ‚Ich leide: daran muss irgend Jemand schuld sein' – also denkt jedes krankhafte Schaf." (F. Nietzsche 1993, S. 127 f.) Manchmal hat man als Psychotherapeut den Eindruck, dass es eine böse Lust gibt, Wunden und Leid zu bewohnen. Es gibt sehr viele wirkliche Opfer, Traumatisierte und viele Menschen, die sehr viel Übel erfahren haben, keine Frage. Für all jene, die aufgrund schlimmer Erfahrungen nicht mehr heimisch in der Welt werden, kann Psychotherapie ein Segen sein. Für diejenigen Menschen jedoch, die eine Tendenz zum Ressentiment haben, die am liebsten in die Rolle des Opfers schlüpfen, vielleicht sogar aus einem hysterischen Aufmerksamkeitsbedürfnis heraus, kann Psychotherapie Gift sein, ist doch die

Opferrolle die Rolle, durch die man am meisten Zuwendung bekommt. Wenn man dann noch die Tatsache bedenkt, dass es im Unterbewusstsein keine scharfe Trennung zwischen Erinnerung und Fiktion gibt, dann werden unter Umständen Eltern und deren Interaktionen mit ihren Kindern für Dinge verantwortlich gemacht, die vielleicht nie stattgefunden haben. Weil man für die eigentlichen und entscheidenden Dinge keine Verantwortung übernehmen kann und will, müssen andere herhalten, die man dafür verantwortlich machen kann, dass das eigene Leben nicht lebt. Man schließt dann: Wären die Umstände, meine Eltern, ... nur anders gewesen, dann hätte ich heute nicht die Probleme mit diesen oder jenen Dingen. Im schlimmsten Fall ist Psychotherapie, die sonst ein Segen sein kann, dann nichts anderes als die Gestalt eines hartnäckigen Ressentimentinstinktes, ja die Institutionalisierung des modernen Ressentiments. [Fundamentalfeministische Positionen, die es wahrscheinlich heute gar nicht mehr gibt, wären eine weitere moderne Form des Ressentiments.] Um nicht Spielverderber seines eigenen Lebens zu sein, muss man Verantwortung für die Spielzüge übernehmen, und vor allem sein Spiel spielen. Was die Erinnerungen an die eigene Vergangenheit anbelangt, kann man als Prophylaktikum gegen eine mit Ressentimentgedanken geladene Rekonstruktion der eigenen Lebensgeschichte an Christine Lavant anschließen, die einmal meinte: „Wenn ich mich bloß recht zusammennehme und mit aller notwendigen Aufmerksamkeit zurückdenke, so finde ich schon den schimmernden Schein, der jede wahre Kindheit ausmacht (...). Lange lebte ich in dem Irrtum, keine Kindheit gehabt zu haben, weil ich bloß dem nachging, was hart und bitter darin war. Eine böse Lust ist dies, alle gehabten Schmerzen so lange auszudehnen, bis sie sich wie ein Kleid aus Tränen und Vergrämtheit um einen legen, in welchem man dann mit eigentümlichen Stolz einhergeht, als gäbe es nichts Kostbareres und Edleres als dies. Aber man gerät damit früher oder später unfehlbar zu denen, die von jeglicher Freude verworfen werden." (Ch. Lavant 1996, S. 56 f.)

Wer gerne und vorzüglich Opfer ist, wer nicht wirkliches Opfer ist, sondern die Opferrolle als Rolle seines Lebens sieht, kann ein sehr unangenehmer Zeitgenosse werden. Das sind die eigentlichen Spielverderber. Die Opferrolle lebt davon, andere zu Tätern zu stempeln und anderen ein schlechtes Gewissen einzureden. Wer mit aller Gewalt ein Opfer sein möchte, der braucht einen Täter. Wer Knecht sein möchte, der braucht einen Herren, den er dann anklagen kann.

Über das Verhältnis von Ich und Du haben neben Hegel, Buber, Marx, Engels und Nietzsche viele nachgedacht. Sartre hat die Beziehungsmöglichkeiten zwischen Ego und Alter Ego in sexualpathologischen Kategorien beschrieben. Man hat im Zwischenmenschlichen nur die Möglichkeit, zwischen Masochismus und Sadismus zu wählen. (J. P. Sartre 1952, S. 633 – S. 719). Entweder quäle ich den anderen, indem ich ihm meinen Willen und meine Sicht der Dinge aufdrücke, oder der andere quält mich. Mehr Möglichkeiten gibt es für Sartre nicht. Emmanuel Lévinas und eine Reihe anderer prominenter Denker der Anerkennung des anderen würden hier Einspruch erheben. Axel Honneth hat in seinen Überlegungen zum Thema Anerkennung den Begriff der Anerkennungsvergessenheit geprägt. Vielleicht müsste man auch über Anerkennungsgeiz sprechen. Wo es viele Narzissten gibt, da wird mit gegenseitiger Anerkennung gegeizt. Die wirkliche Anerkennung geht bei Honneth so weit, dass man den anderen nur dann in seiner Individualität voll und ganz anerkannt hat, wenn man bereit ist, die Dinge mit den Augen zu sehen, mit denen der andere sie sieht. „Die Anerkennung der Individualität anderer Personen verlangt von uns, Objekte in der Besonderheit all derjenigen Aspekte wahrzunehmen, die jene Personen in ihren jeweiligen Sichtweisen mit ihnen verknüpfen." (A. Honneth 2005, S. 76) Das heißt dann aber auch, dass man nicht nur vor dem anderen Respekt haben soll, sondern auch vor dem, was dem anderen heilig und wichtig ist. Alles andere macht aus dem Leben ein Machtspiel und aus möglichen Mitspielern Gegenspieler.

Endspiel: Spiel mir das Lied vom Tod

Damit kommen wir zum letzten Kapitel, zum Finale und Endspiel. Aus dem Thema Tod lassen sich mindestens drei Perspektiven entwickeln. Erstens, der Tod als ein Faktum, das am Ende des Lebens wartet und das einen während des Lebens bereits beschäftigen kann. Zweitens, der Akt des Sterbens als Übergang zwischen Leben und Tod, und drittens die Frage, was nach dem Tod ist, welche Antworten, Vorstellungen und Spekulationen im Laufe der Zeit über diese letzte Grenzüberschreitung angestellt wurden. Was nach dem Tod ist, das weiß vermutlich kein Mensch, aber es gibt eine Reihe von bedeutenden Persönlichkeiten und ganze philosophische Schulen, man denke an die Existenzphilosophie, für welche der Tod eine sehr wichtige Rolle spielt. Hat Nietzsche noch zu Recht daran erinnert, dass die todessehnsüchtige Jenseitsgläubigkeit des Christentums das Leben zu einem Durchgangssyndrom abstemple, und man „der Erde treu bleiben soll" und nicht den „Giftmischern" Glauben schenken darf, die von überirdischen Hoffnungen sprechen, ist es das Verdienst der deutschen Existenzphilosophie, daran erinnert zu haben, dass der Tod der beste Ratgeber für das Leben sei. Was angesichts des Todes getan wird und wesentlich bleibt, das ist existentiell getan, wusste Jaspers, der durch seine Krankheit immer wieder einen Eigenbezug zu dem hatte, was er philosophisch „Grenzsituation" nannte (K. Jaspers 2008), und in Heideggers „Sein und Zeit" gibt es ein wirkmächtig gewordenes Todeskapitel mit der Überschrift: „Das mögliche Ganzsein des Daseins und das Sein zum Tode" (M. Heidegger 1927). Der Mensch ist erst dann ganz Mensch, wenn er sich das Faktum seiner Endlichkeit und Vergänglichkeit nicht verschleiert, wenn er den Tod als unsichtbaren Freund und steten Begleiter neben sich hat, als Coach und Berater für die wichtigen und wesentlichen Entscheidungen des Lebens. Angesichts der verstreichenden Zeit darf und soll man sich nicht mit einem Leben aufhalten, in dem kein Leben ist. Die meisten Menschen ziehen es jedoch vor, die Tatsache der Endlichkeit zu verdrängen und ein uneigentliches Verhältnis zum Tod einzunehmen, wie es bei Heidegger heißt. „Faktisch hält sich das Dasein zunächst und zumeist in einem uneigentlichen Sein zum Tode." (M. Heidegger 1927, S. 260) Das ist schade. Vor allem darum, weil einem der Tod etwas zu sagen hätte. Der Tod ruft einen auf, sich nicht zu schnell mit seinem Leben zufriedenzugeben, sich um seine ureigensten Möglichkeiten zu kümmern, seine Träume, Wünsche und Sehnsüchte ernst zu nehmen. Im Fragment gebliebenen „Sein und Zeit", das, wäre es nicht als Teil eines größeren Projekts gedacht gewesen, auch den Titel „Sein und Tod" hätte haben können, da die Endlichkeit und der Tod darin die Hauptrolle spielen, wird ein Verhältnis zum Tod thematisiert, das Heidegger als das Eigentliche bezeichnet. Eigentlich in dem Sinn, dass es das rechte Verhältnis zum Tod wäre, würde es nur eingenommen und der Tod nicht verdrängt, verdeckt und verschleiert werden. „Eigentliches Sein zum Tode kann vor der eigensten, unbezüglichen Möglichkeit nicht ausweichen und in dieser Flucht sie verdecken und für die Verständlichkeit des Man umdeuten." (ebenda). Wäre man sich der Endlichkeit und Vergänglichkeit bewusst, ständig bewusst, würde man nicht so viele Möglichkeiten und Chancen unrealisiert lassen. Angesichts der Tatsache, dass man sein Leben so oder so verliert, gibt es nichts zu verlieren. Man würde alles wagen, wäre man sich dessen bewusst. Doch die meisten Menschen, die vielen, die Statisten ihrer eigenen Existenz fliehen lieber in die Anonymität des „man", nach dem Motto: man muss eben dieses und jenes machen, und leben lieber ein Leben in Zerstreuung und Betriebsamkeit, das vor der Endlichkeit ausweicht, als dass sie ihre ureigensten Möglichkeiten ergreifen und realisieren. Man lebt und entwirft sich ein Leben im Modus der Durchschnittlichkeit und des Vergleichs, man schielt nach den anderen und lebt und tut so, wie es die anderen tun. Dieser Daseinsentwurf, der wesentlich aus dem uneigentlichen und verdrängten Sein zum Tode herrührt, rächt sich irgendwann. Die Rache zeigt sich in den Stimmungen. In der Befindlichkeit und in der Stimmung zeigt sich, wie es um einen steht. Diese Anzeige geschieht ganz plötzlich. „Die Stimmung überfällt." (M. Heidegger 1927, S. 136) Die Befindlichkeit ist ein vorreflexives Phänomen, das maximal der Modulation, aber in keinem Fall der Wahl unterliegt; die Lebensgrundgestimmtheit beschleicht und trifft einen. Wer sein Leben nicht lebt, der kann nicht erwarten, dass ihn sein Leben glücklich stimmt. Wer sich oft, zu oft in Situationen findet und an Orten verweilt, an denen er „eigentlich" nicht sein möchte, der kann von seiner vorreflexiven Befindlichkeit und Stimmung nicht erwarten, dass er freudig gestimmt wird. In der existentiellen Depression und bei selbstunsicheren Personen, die dazu neigen, das Leben zu leben, von dem die anderen, die Angehörigen, die Partner … sagen, es sei das für sie Richtige, kommt das u. a. zum Tragen. Die Erinnerung daran, dass die Existenz ein Ablaufdatum hat, und dass man spätestens dann, wenn der Körper in tiefer Erde, in feuchter, dunkler Kälte begraben ist, keine Wahl- und Freiheitsmöglichkeiten mehr hat, kann man im Falle der existentiellen Depression, die ihre Ursache in der uneigentlichen Existenzwahl hat, niemandem ersparen. Die existentiell deprimierte Seele verlangt gleichsam nach der Erinnerung an die Endlichkeit und fordert vom Leben, ohne es zu wissen: Spiel mir das Lied vom Tod, damit er sie an ihr Leben erinnert, das irgendwo im Laufe der Zeit verloren ging. Das Bewusstsein des Todes und der Endlichkeit übernimmt dann die Rolle des Therapeuten.

Der Zusammenhang zwischen Depression und Lebensentwurf hat aber noch eine weitere Facette, die zunächst suggeriert, dass die Dinge so einfach, wie wir sie oben beschrieben haben, nicht sind, und hin und wieder alles genau umgekehrt zu sein scheint. In nicht wenigen Fällen kann nämlich die falsch verstandene Forderung, „sich selbst"

zu werden, der Aufruf zur Eigentlichkeit, Menschen von sich weg-
bringen und in die Erschöpfungsdepression oder das Burnout führen,
das haben Alain Ehrenberg und Byung-Chul Han in jüngster Zeit gezeigt. Die Gegenwart ist nach Ehrenberg und Han durch einen radikalen Strukturwandel gekennzeichnet und das herrschende
Gesellschaftsideal, die gestellten Anforderungen an die postmoder-
nen Subjekte sind nicht mehr die, welche zu Freuds und Foucaults
Zeiten noch herrschten. Ging es vor den zwei europäischen Groß-
kriegen und noch bis in die 1980er-Jahre hinein um den Grundkon-
flikt zwischen Verbot und Begehren, so geht es heute um das Gebot,
etwas ganz Besonderes aus seinem Leben zu machen, unendlich viel
zu leisten, eine Ich-AG zu werden und im Konkurrenzkampf mit den
wenigen zur Verfügung stehenden Ressourcen sich selbst und sein
Leistungspotenzial zu steigern, sich zu optimieren und die Bereit-
schaft zur Selbstausbeutung aufzubringen. Der klassisch neurotische
Konflikt, der durch die Dialektik von Begehren und Verbot aufrecht-
erhalten wurde, verschwand nicht nur aus der modernen psychiatri-
schen Diagnostik, sondern in der psychotherapeutischen Ordination
tauchen immer mehr erschöpfte und ausgebrannte Individuen auf,
die an ihrer Selbstausbeutung und am auferlegten Leistungsdruck leiden, daran leiden, etwas Besonderes sein zu müssen und initiativ zu
werden. Burnout und Depression sind neben der Hyperaktivität die
Krankheiten der Zeit. „Das ideale Individuum wird nicht mehr an seiner Gefügigkeit gemessen, sondern an seiner Initiative." (A. Ehrenberg 2008, S. 19) Die Depression ist für Ehrenberg die Krankheit einer
Gesellschaft, deren Verhaltensnorm nicht mehr die Disziplinierung
und das verbotene Begehren darstellt, sondern die Forderung nach
Verantwortung und Initiative. Der Imperativ, besonders und einzig-
artig zu werden, führt zur Kapitulation und Erschöpfung vor diesem
Anspruch. Ähnlich argumentiert Byung-Chul Han, der jedoch nicht so
sehr den Imperativ, initiativ zu werden für die Müdigkeit und Er-
schöpfungen der modernen Subjekte verantwortlich macht, sondern

das Leistungsprinzip. „Foucaults Disziplinargesellschaft aus Spitälern, Irrenhäusern, Gefängnissen, Kasernen und Fabriken ist nicht mehr die Gesellschaft von heute. An ihre Stelle ist längst eine ganz andere Gesellschaft getreten, nämlich eine Gesellschaft aus Fitnessstudios, Bürotürmen, Banken, Flughäfen, Shopping Malls und Genlabors. Die Gesellschaft des 21. Jahrhunderts ist nicht mehr die Disziplinargesellschaft, sondern eine Leistungsgesellschaft. Auch ihre Bewohner heißen nicht mehr ‚Gehorsamssubjekt', sondern Leistungssubjekt. Sie sind Unternehmer ihrer selbst." (B.-C. Han 2010, S. 17) Die Forderung, initiativ zu werden und die daraus fälschlicher weise abgeleitete Selbstausbeutung, die zu Burnout und Erschöpfungsdepression führen, haben aber nichts mit der existenzphilosophischen Forderung nach Eigentlichkeit zu tun. Im Gegenteil, wir würden sogar behaupten, dass das eigentliche Verhältnis zum Tode, die Erinnerung daran, dass, da wir alle endlich sind, alle unsere Bemühungen und Leistungen irgendwann dem Vergessen anheimfallen, spätestens wenn wir nicht mehr sind und die Wirkungen unserer Werke und Taten längst verklungen sind, würde eher zum Innehalten, zur Gelassenheit, zum Verweilen und damit zur Konzentration auf das Wesentliche beitragen. Der Aufruf zur Eigentlichkeit des Daseins angesichts der Endlichkeit diente daher sogar eher der Entschleunigung, der Vorbeugung von Burnout, Depression und Hyperaktivität. Damit wäre die Erinnerung an den Tod nicht nur Therapeutikum für die existentielle Depression, sondern auch Prophylaktikum für die Erschöpfungsdepression.

Der Tod, das Faktum der Hinfälligkeit des Daseins, hat aber auch noch einen anderen Sinn. Er kann nicht nur Freund und Ratgeber sein, und wenn man ihn als freundschaftlichen Berater vernachlässigt, dann halt irgendwann Therapeut. Der Tod hat in der Existenzanalyse, der „Dritten Wiener Schule der Psychotherapie", auch noch eine andere Bedeutung. Es ist nämlich der Tod, der das Leben letztendlich sinnvoll macht. Ohne Tod gäbe es keinen Sinn. Das ist die Perspektive, die

Viktor E. Frankl in seiner „Ärztlichen Seelsorge" einnimmt. „Wie oft hält man uns nicht vor, daß der Tod den Sinn des ganzen Lebens in Frage stelle. Daß alles letzten Endes sinnlos sei, weil der Tod es schließlich vernichten müsse. Kann nun der Tod der Sinnhaftigkeit des Lebens wirklich Abbruch tun?" (V. E. Frankl 1998, S. 108) Für den Existenzanalytiker und Logotherapeuten Frankl ist klar, noch bevor er seine rhetorische Frage formuliert, dass es sich genau umgekehrt verhält. Nicht weil das Leben endlich und der Mensch sterblich ist, hat es keinen Sinn, sondern gerade weil das individuelle Leben vergeht, kann es sinnvoll werden. Die Bedingung der Möglichkeit des Sinns ist der Tod. Wären wir unsterblich und würden dieses, unser Leben, so wie wir es jetzt leben, in Ewigkeit fortsetzen, könnte jede einzelne Handlung unendlich aufgeschoben werden. Es wäre vollkommen egal, ob man diese oder jene Ausbildung heute oder in zwanzig Jahren beginnen würde, es wäre gleichgültig, wann etwas getan wird, jede Handlung könnte in Ewigkeit hinausgeschoben werden. Damit würden Situationen und Handlungen ihren Sinn verlieren. „So aber, angesichts des Todes als unübersteigbarer Grenze unserer Zukunft und Begrenzung unserer Möglichkeiten, stehen wir unter dem Zwang, unsere Lebenszeit auszunützen und die einmaligen Gelegenheiten – deren ‚endliche' Summe das ganze Leben dann darstellt – nicht ungenützt vorübergehen zu lassen." (ebenda S. 109) Damit ist die Zeitlichkeit für den Sinn des Lebens fundamental. Doch was ist, wenn man unweigerlich in das Stadium seines Lebens eingetreten ist, in dem man nicht mehr allzu lange lebt, wenn das Ende des Lebens naht, da man alt und krank ist? Gibt es da noch einen Sinn des Lebens und vor allem, soll man so lange warten, bis einen der Tod erlöst oder herauslöst, denn am Ende des Lebens kann man wahrscheinlich kaum davon sprechen, dass man aus seinem Leben herausgerissen wird. Wann ist dieser Zeitpunkt gekommen? Und wenn er gekommen ist, soll man ihn abwarten und sich dem Tod passiv hingeben oder hat man das Recht, selber Hand an sich zu legen und sein Leben zu beenden, wenn man nicht mehr will? Das ist eine Frage, die am Ende des Lebens eventuell dringlich wird, unter Umständen manch einen auch schon in der Hälfte seines Lebens oder noch früher beschäftigt. Die Frage, ob man selber entscheiden darf, wann man aus dem Leben geht, oder ob man abwarten muss und soll, bis es passiv passiert. Betrachtet man die Meinungen der großen Denker zum Thema Suizid oder Freitod, dann findet man Befürworter wie Gegner in gleich großer Zahl. Der geführte Diskurs siedelt sich dabei stets in einem Jenseits psychiatrischer und psychotherapeutischer Überlegungen an. Einig ist man sich: Der Selbstmord ist Zeichen der menschlichen Freiheit. Uneinigkeit besteht: Soll er von dieser Gebrauch machen dürfen? Wenn wir Albert Camus Glauben schenken, dann ist der Suizid das philosophische Thema schlechthin, meinte der Existenzphilosoph doch: „Es gibt nur ein wirklich ernstes philosophisches Problem: den Selbstmord. Die Entscheidung, ob das Leben sich lohne oder nicht, beantwortet die Grundfrage der Philosophie. Alles andere – ob die Welt drei Dimensionen und der Geist neun oder zwölf Kategorien habe – kommt erst später." (A. Camus 1959/1991, S. 9) Stimmten wir dieser These zu, dann würde eine Untersuchung der Suizidraten unter Philosophen die Frage beantworten, ob sich nach deren Meinung das Leben lohne oder nicht. Doch wie es die Alten damit hielten, davon ist wenig überliefert. Einzig von den Stoikern, mit ihrer generellen Einstellung der apathia gegenüber dem Tod, sei dieser natürlich oder von eigener Hand herbeigeführt, wissen wir, dass es nicht wenige Anhänger dieser Strömung gab, welche wirklich Hand an sich legten. Wen wundert's, lesen wir doch bei Seneca über das Leben: „Gefällt dir's, so lebe, gefällt dir's nicht, so kannst du wieder hingehen, woher du gekommen. Um die Kopfschmerzen los zu werden, hast du schon öfters Blut gelassen. Um die Körperfülle zu mindern, wird dir zu Ader gelassen. Es ist nicht nötig, die Brust durch eine weit klaffende Wunde zu spalten: ein Messerchen genügt, den Weg zu bahnen zu jener hochherrlichen Freiheit, ein einziger Stich sichert uns die sorglose Ruhe."

(Seneca 1993, S. 267 f.) Doch nicht alle großen Philosophen vertraten eine so extreme Position. Ist der „Freitod", „Selbstmord", „Suizid" – allein die Wortwahl gibt hier oft die diesbezügliche Einstellung wieder – ethisch zu legitimieren oder zu verwerfen? Wenn sich die großen Denker, von denen einige im Folgenden zur Sprache kommen sollen, dieser Frage annehmen, dann ist das ein Diskurs jenseits psychiatrischer oder psychologischer Vorstellungen. Es interessiert die Erlaubtheit oder Verwerflichkeit des Suizids, der nicht Zeichen einer Krankheit ist. Ob es einen Diskurs über den Freitod gibt, der nicht Ausdruck einer Krankheit, z. B. einer Depression oder einer anderen Störung ist, ob es somit Suizidgedanken jenseits psychischer Störungen aus psychiatrischer Sicht überhaupt gibt, das steht auf einem anderen Blatt. Eventuell der Bilanzsuizid eines „terminal Kranken mit dem Ziel, der qualvollen Sterbensphase zu entkommen." (vgl. G. Pöltner 2002, S. 282) Eröffnet wird die philosophische Suiziddebatte durch Platon, der die Möglichkeit des Selbstmordes ebenso wie später Aristoteles, allerdings aus anderen Gründen, verwirft. Wir gehören nicht uns selbst, wir stehen in der Macht der Götter. Wir haben das Leben nicht selbst gemacht, es wurde uns gegeben und wir dürfen es daher auch nicht vorzeitig verlassen, so die Argumentation. Für den, der es trotzdem tut, hat Platon besondere Bestattungsvorschriften entworfen: Erstens soll der Selbstmörder auf unbebautem, namenlosem Gelände begraben werden, zweitens an einem einsamen Platz, niemand soll neben ihm zu liegen kommen, und drittens soll die Bestattung ruhmlos vor sich gehen. Damit findet sich bei Platon eine rituell-kulturelle Sanktionierung des Selbstmordes vorgedacht, die in christlichen Ländern noch weit bis in die Neuzeit befolgte wurde – den Leichnam nicht in gesegneter Erde beizusetzen. Die Stoa, welche dieses Thema wie viele andere Themen ruhig und nüchtern anging, kannte und erlaubte einen eulogos exagoge, einen ‚wohlüberlegten Freitod'. Die ältere Stoa hatte sogar eine Art Kasuistik erarbeitet, unter welchen Umständen der Freitod eine angemessene Handlung ist.

Zum Beispiel, wenn man unheilbar krank sei und unter unerträglichen Schmerzen leide, oder wenn man durch seinen Tod das Vaterland oder Freunde rette (vgl. F. Decher 1999, S. 47 f.). Einfacher hat es da schon der Kirchenvater Augustinus, der das erste Gebot „Du sollst nicht töten" auch auf den Selbstmord bezieht. Einzige Ausnahme stellt, wie im Übrigen schon bei Platon, der „explizite" Befehl bzw. Wink oder das „eindeutige" Zeichen aus dem Reich der Transzendenz dar, man möge doch – und dürfe daher – abtreten. „Wer also um das Verbot, sich selbst zu töten, weiß, mag es dennoch tun, wenn der (Gott, Anm. v. mir) es befohlen hat, dessen Befehle niemand verachten darf", und präzisierend meint Augustinus weiter: „aber er sehe wohl zu, ob dieser Befehl auch keinen Zweifeln ausgesetzt ist." (A. Augustinus 1985, S. 46 f.) Thomas von Aquin verwirft den Selbstmord ebenfalls und bringt unter anderem eine Begründungsfigur ein, welche in die Neuzeit vordeutet: das Selbsterhaltungsprinzip. Von Natur aus liebt jedes Ding sich selbst. Das bedeutet, dass jedes Ding bestrebt ist, sich im Dasein zu halten und dem, der es zerstören will, Widerstand zu leisten. Daraus wird geschlossen: Der Selbstmord ist nicht erlaubt, weil er naturwidrig ist. Mit dem Selbsterhaltungsprinzip ist ein Begründungmodell gefunden, das von Hobbes über Locke und Rosseau bis Spinoza unter Beifügung leichter Variationen gehalten hat. Na ja, könnte man fragen: Was aber ist, wenn die Natur selber den Suizid anordnet? So etwa die Frage des französischen Enzyklopädisten Baron Paul Thiry d'Holbach. Für Holbach – Atheist, Materialist und Determinist – geschieht der Lauf der Dinge aus Naturnotwendigkeit und ein Mensch, „wenn er sich das Leben nimmt, führt er eine Anordnung der Natur aus, die ihn nicht mehr existieren lassen will. Diese Natur hat während Tausenden von Jahren im Innern der Erde das Eisen geschaffen, das seinem Leben ein Ende setzen soll." (P. T. d'Holbach 1978, S. 244 f.) Tabula Rasa mit den bisherigen Argumentationen gegen den Selbstmord macht schließlich David Hume mit dem Essay „On Suicide" von 1777, in dem er zum

Schluss kommt: „Gott kann sich, auch wenn er wollte, nicht selbst den Tod geben, was er dem Menschen als beste Gabe in den so großen Mühen des Lebens verlieh." (D. Hume 1984, S. 130) Kant und der Deutsche Idealismus (Fichte, Hegel) sehen den Selbstmord nicht vereinbar mit der moralischen Pflicht des Menschen als Person. „Die Selbstentleibung ist ein Verbrechen (Mord)", so Kant, da man mit der Vernichtung der „Person" als Subjekt der Sittlichkeit gleichsam die Idee der Sittlichkeit verwerfen würde. Eine nahezu paradoxe Sonderposition finden wir bei Schopenhauer, über den man oft spottete, er sei der Selbstmörder, der am Leben blieb. „Alles Leben ist Leiden", so seine Formel (A. Schopenhauer 2002, S. 405). Leiden, das sich daraus ergibt, dass alles Leben auf einem unersättlichen, nie zu befriedigenden Willen ruht. Aus diesem Leid verursachenden Kreislauf steige man durch die konsequente Verneinung des Willens zum Leben aus. Der Selbstmord, diese „törichte Handlung", ist aber genau aus diesem Grund zu verwerfen. Der Selbstmörder gehe in der Verneinung des Willens zum Leben nicht weit genug, im Gegenteil. „ ... der SELBSTMORD. Weit entfernt Verneinung des Willens zu seyn, ist dieser ein Phänomen starker Bejahung des Willens. Denn die Verneinung hat ihr Wesen nicht darin, dass man die Leiden, sondern dass man die Genüsse des Lebens verabscheuet. Der Selbstmörder will das Leben und ist bloß mit den Bedingungen unzufrieden, unter denen es ihm geworden. Daher gibt er keineswegs den Willen zum Leben auf, sondern bloß das Leben, indem er die einzelne Erscheinung zerstört." (A. Schopenhauer 2002, S. 512) Einzig den asketischen Hungertod lässt Schopenhauer, der gerne an reich gedeckten Tafeln dinierte, gelten. Dort manifestiere sich die konsequente Absage an die Genüsse und den Willen des Lebens. Als einen Akt krassester Selbstsucht sieht Eduard von Hartmann – der Autor der „Philosophie des Unbewussten" – den Selbstmord, und Nietzsche, das Enfant terrible dieses Diskurses, meinte, man solle zur rechten Zeit abtreten. Der natürliche Tod, für Nietzsche der „Selbstmord der Natur", sei ein „unfreier Tod", ein Tod zur „unrechten Zeit, ein Feiglings-Tod. Man sollte, aus Liebe zum Leben –, den Tod anders wollen, frei, bewusst, ohne Zufall, ohne Überfall . . ." Man sollte „auf eine stolze Art sterben, wenn es nicht mehr möglich ist, auf eine stolze Art zu leben. Der Tod, aus freien Stücken gewählt, der Tod zur rechten Zeit, mit Helle und Freudigkeit, inmitten von Kindern und Zeugen vollzogen: so dass ein wirkliches Abschiednehmen noch möglich ist, wo der noch da ist, der sich verabschiedet, insgleichen ein wirkliches Abschätzen des Erreichten und Gewollten, eine Summierung des Lebens – alles im Gegensatz zu der erbärmlichen und schauderhaften Komödie, die das Christentum mit der Sterbestunde getrieben hat." (F. Nietzsche 1888, S. 91 f.) Philosophische Erörterungen über den Suizid vollziehen sich außerhalb des Raumes von Psychologie und Psychiatrie. Das mag Psychotherapeuten zu Recht befremden, sehen wir doch im Wunsch oder in der Handlung des Nicht-mehr-sein-Wollens kein philosophisches Problem, sondern das Symptom einer Krankheit. Jenseits des medizinischen Diskurses wurde und wird das Ja oder Nein zur ethischen Erlaubtheit des Suizids kontrovers diskutiert. Insbesondere Nietzsches Position, der aus dem Ende des Lebens eine heroische Verabschiedungsperformance inmitten von Freunden machen möchte, um dem Leben und den Weggefährten gebührend Adieu [oder im Falle Nietzsches wohl eher Tschüss] zu sagen, hat etwas extrem Verführerisches und einen gewissen Charme. Nietzsche möchte das sogar inmitten von Kindern veranstalten, eine pädagogische Aktion also. Nietzsche als Erzieher und Lebensphilosoph, der bereits den Kleinen die Heiligkeit des Lebens durch die Teilnahme an der öffentlichen und ritualisierten Selbsttötung einbrennen möchte? Irgendwie hat das was und andererseits ist das abgrundtiefer und heroischer Nihilismus. Die Frage, ob der Selbstmord, Suizid oder Freitod eine legitime ethische Wahl ist, die man dem Einzelnen überlassen soll, oder ob es etwas ist, vor dem man den Einzelnen schützen muss, weil der Wunsch, Hand an sich zu legen, ein Depressionszeichen ist und anzeigt, dass man eine vorübergehende suizidale Einengung hat, vor der man den Betreffenden bewahren muss, ist insbesondere im Falle Nietzsches interessant, hat der Pastorensohn doch, wahrscheinlich in biografischer Selbstauskunft, einmal gemeint: „Der Gedanke an den Selbstmord ist ein starkes Trostmittel: mit ihm kommt man gut über manche böse Nacht hinweg." (F. Nietzsche, 1993a, S. 84) Eine böse Nacht, in der man vom Geist der Schwere und der Nacht des Nihilismus heimgesucht wird. Eine Heimsuchung, die Nietzsche, der Diagnostiker des europäischen Nihilismus, zu gut kannte. Das Leben, das ganze Leben ist eine sinnlose Angelegenheit, ein einziges Streben in Richtung Nichts, so der Nihilismus. Es ist nichts, war nichts und wird nichts sein, was Wert und Bestand hat. Das Beste wäre, angesichts der Sinnlosigkeit des Seienden im Ganzen, wie der alte Silen sagte: „Nicht geboren zu sein, nicht zu sein, nichts zu sein." (siehe F. Nietzsche 2004, S. 29) Der Nihilismus in seiner „furchtbarsten Form", wie ihn Nietzsche betitelt, übertrifft und steigert den Gedanken an die Sinnlosigkeit des Daseins ins Extrem. Es ist nicht nur alles sinnlos, sondern die Sinnlosigkeit kehrt ewig wieder. „Das Dasein, so wie es ist, ohne Sinn und Ziel, aber unvermeidlich wiederkehrend, ohne ein Finale ins Nichts: ‚die ewige Wiederkehr'. Das ist die extremste Form des Nihilismus: das Nichts (das ‚Sinnlose') ewig!" (F. Nietzsche 2007, S. 66) Wenn solche Gedanken kommen, dann ist es verständlich, dass Suizidideen erlösend wirken. Der Tod wird dann zur Erlösung und Rettung vor der Sinnlosigkeit des Seins und nicht wie bei Frankl zur Bedingung für den Sinn des Lebens. Doch auch bei Nietzsche gibt es ein bedingungsloses Ja zum Leben trotz oder scheinbar gerade wegen der objektiven Sinnlosigkeit des Lebens. Das ist wahrscheinlich auch der Grund, warum der später wahnsinnig gewordene Philosoph bis zum Schluss durchgehalten hat. Der ewigen Wiederkehr des Sinnlosen kann nur die ewige Wiederkehr der Kunst antworten. Nietzsches Logotherapie, wenn man so möchte. „Die höchste Formel der Bejahung", der Lebensbejahung, „die überhaupt erreicht werden kann", fand Nietzsche, der offensichtlich manische und depressive Phasen, wie im Übrigen jeder andere Mensch auch, sehr gut kannte, in den Silser Bergen. Es muss ein besonderer Tag und eine besondere Einsicht gewesen sein, als ihn der Gedanke an die ewige Wiederkehr nicht auf die Sinnlosigkeit verwies, sondern auf ein absolutes Ja zum Leben. „Ich ging an jenem Tage am See von Silvaplana durch die Wälder; bei einem mächtigen pyramidal aufgetürmten Block unweit Surlei machte ich Halt. Da kam mir dieser Gedanke." (F. Nietzsche 1908, S. 335) Der Gedanke, der Nietzsche in den Silser Bergen kam, den er in der Folge oft variierte und der viele Deuter und Interpreten fand, war der berühmt-berüchtigte Wiederkunftsgedanke, die Idee, dass das Dasein ewig wiederkehrt. Doch warum kommt Nietzsche nicht zum Schluss, dass die ewige Wiederkehr des Gleichen eine sinnlose Angelegenheit wäre und was findet er für eine Befreiung in dieser Überlegung? Man darf diesen Gedanken nicht als Aussage über das Sein verstehen; man kann ihn natürlich so verstehen, dann ist das Entscheidende aber übersehen. Nietzsche selber hat zeitweise eine ontologische Deutung nahegelegt bzw. favorisiert, z. B. wenn er auf die Vorläufer dieses Gedankens, etwa auf Heraklit und die Stoa verweist (F. Nietzsche 1908, S. 313). Dennoch, der Wiederkunftsgedanke ist mehr Ethik, Nietzsches ästhetische Ethik oder ethische Ästhetik, als Ontologie. Eine Lehre darüber, wie man leben soll, wenn man richtig leben möchte. Rüdiger Safranski bezeichnet den Wiederkunftsgedanken als Nietzsches „autosuggestives Hilfsmittel zur Lebensgestaltung"; er ist der Versuch, „dem Augenblick die Würde der Ewigkeit" zu geben. (R. Safranski 2006/2007, S. 236 f.) Georg Simmel hat in seinem Text „Nietzsche und Kant" gemeint, dass der Wiederkunftsgedanke Nietzsches „kategorischer Imperativ" sei. (vgl. G. Simmel 1993) So leben, dass man wollen kann, dass sein Leben ewig wiederkehrt. Damit Nietzsches Lebensimperativ, seine Ethik Gewicht bekommt, lässt er den Wiederkunftsgedanken auf der Bühne des Seins, der Ontologie und der Metaphysik auftreten. (vgl. R. Safranski 2006/2007, S.

237) Spuren, die eine ethisch-ästhetische Deutung nahelegen, finden sich u. a. in der Schrift „Die fröhliche Wissenschaft". Unter der Überschrift „Das größte Schwergewicht" entwickelt Nietzsche ein faszinierendes Gedankenexperiment, ein mögliches Aphrodisiakum des Daseins und eine die Existenz verlebendigende philosophische Injektion. Man stelle sich vor, wie es wäre, „wenn dir eines Tages oder Nachts ein Dämon in deine einsamste Einsamkeit nachschliche und dir sagte: ‚Dieses Leben, wie du es jetzt lebst und gelebt hast, wirst du noch einmal und noch unzählige Male leben müssen; und es wird nichts Neues daran sein, sondern jeder Schmerz und jede Lust und jeder Gedanke und Seufzer und alles unsäglich Kleine und Große deines Lebens muß dir wiederkommen, und alles in derselben Reihe und Folge – und ebenso diese Spinne und dieses Mondlicht zwischen den Bäumen, und ebenso dieser Augenblick und ich selber. Die ewige Sanduhr des Daseins wird immer wieder umgedreht – und du mit ihr, Stäubchen vom Staube!' – Würdest du dich nicht niederwerfen und mit den Zähnen knirschen und den Dämon verfluchen, der so redete? Oder hast du einmal einen ungeheuren Augenblick erlebt, wo du ihm antworten würdest: ‚du bist ein Gott, und nie hörte ich Göttlicheres!' Wenn jener Gedanke über dich Gewalt bekäme, er würde dich, wie du bist, verwandeln und vielleicht zermalmen; die Frage bei allem und jedem: ‚willst du dies noch einmal und noch unzählige Male?' würde als das größte Schwergewicht auf deinem Handeln liegen! Oder wie müsstest du dir selber und dem Leben gut werden, um nach nichts mehr zu verlangen als nach dieser letzten ewigen Bestätigung und Besiegelung?" (F. Nietzsche 1886, S. 232)

Einer, der genau das von Nietzsche Beschriebene erlebte und dadurch sein Leben verwandelt hat, ist Phil Connors, der in der mittlerweile im abendlichen Fernsehprogramm sehr oft wiederholten Filmkomödie „Und täglich grüßt das Murmeltier" (1993) vom anfänglich sehr egozentrischen, zynischen und menschenverachtenden TV-Wetteransager zu einem wahren Philanthropen und ethisch aufrichtigen

Menschen wurde. In Phil Connors Leben wiederholt sich mehr oder weniger den ganzen Film hindurch immer wieder derselbe Tag. Er steckt in einer Zeitschleife, er durchläuft albtraumartig wieder und wieder denselben Tag. Jeden Tag läutet der Wecker um 6 Uhr morgens, immer dieselbe Fernsehreportage folgt, dieselben Begegnungen mit denselben Menschen, der ganze Tag eine einzige Wiederholung. Da Phil Connors bald kapiert, dass die Ereignisse in derselben Reihenfolge wiederkehren, zieht er anfänglich den Schluss daraus, einen egoistischen Vorteil aus den einzelnen Situationen zu gewinnen. Er studiert und analysiert die Vorlieben und Gewohnheiten seiner TV-Kollegin Rita, um sie ins Bett zu bekommen, spioniert einen Geldtransport aus, um am nächsten Tag einen Raub zu begehen und und und. All die gewonnenen Vorteile machen ihn am Ende aber nicht froh. Das ist der Moment der Umkehr. Er entdeckt: Wenn schon alles wiederkehrt, dann könnte er auch etwas Sinnvolles tun. Er nimmt Klavierunterricht, beobachtet Unfälle und verhindert diese am nächsten Tag, lernt, wie man Eisskulpturen macht, kurz gesagt, er lebt sein Leben so, dass er in der jeweils wiederkehrenden und präsentierten Situation den höchsten möglichen Situationswert und Situationssinn erkennt und diesen durch seine Wahl realisiert. Dies ist eine Verfilmung der Grundprämissen der „Logotherapie und Existenzanalyse", in deren Hintergrund Max Schelers Wertethik steht, und vor allem eine Verfilmung von Nietzsches Gedanken der ewigen Wiederkehr. Am Ende findet dann auch eine wirkliche Liebesnacht zwischen Rita und Phil statt. Es beginnt ein neuer, anderer Tag. Phil ist endlich erlöst. So leben, dass man wollen kann, dass alles ewig wiederkehrt, wenn man das schafft, dann ist man erlöst und es spielt dann keine Rolle mehr, ob die Dinge ewig wiederkehren oder ob sich Neues ereignet. Das ist Nietzsches Lehre vom richtigen Verhältnis zum Leben, Nietzsches Ästh-et(h)ik. Denn, wirklich und aus vollen Stücken Ja zum Wiederkunftsgedanken und damit Ja zum Leben sagen, kann man nur dann, wenn man so lebt, dass sein Leben zum Kunstwerk wird oder einem

Kunstwerk gleicht. „Wir wollen ein Kunstwerk immer wieder erleben! So soll man sein Leben gestalten, dass man von seinen einzelnen Teilen denselben Wunsch hat! Dies der Hauptgedanke!" (F. Nietzsche 1880/1882, S. 11). Wobei Nietzsche einschränkend, natürlich ironisch meinend, einmal gesagt haben soll, dass die ewige Begegnung mit Schwester und Mutter ein hartnäckiger Grund wäre, den Wiederkunftsgedanken abzulehnen. Neben Nietzsche gibt es noch einen anderen Philosophen, bei dem der Tod und Wiederkunftsüberlegungen innerhalb ästhetischer Kategorien reflektiert werden, es ist Platon, Nietzsches Erzfeind.

Wir erinnern uns an die bereits weiter oben erwähnte Stelle aus Platons Dialog „Phaidros", in dem von einer Wagenfahrt zwischen Göttlichen und Sterblichen unter das Himmelgewölbe und dem Blick jenseits des Himmels berichtet wurde. Die fleischlose Seele, vor der Inkarnation, schaut in körperlosem Zustand, sich von Nektar und Ambrosia nährend, als reiner Geist und reine Seele die Ideen; die Idee der Besonnenheit, die Idee der Gerechtigkeit, viele andere Ideen, und vor allem die Idee der Schönheit. Sich in dieser Ideenschau zu halten, war aus zwei Gründen nicht leicht. Erstens der Sog der Schwerkraft und der Rosse, die den Wagen lenkten, zweitens dürfte dieses Schauspiel ein gewaltiger Inspirationssturm mit starker Rückstoßkraft gewesen sein. Platon berichtet nur wenige Details, auf jeden Fall gelangten nicht alle Seelen unter das Himmelsgewölbe und die, die es schafften, vermochten sich unterschiedlich lang im Anblick der Ideen zu halten. Je nachdem, wie lange man auf der Wagenfahrt bei der Schau der Ideen verweilen konnte und wie intensiv man von der Idee der Schönheit angeblickt wurde und es vermochte, diesem Angeblickt-Sein entgegenzublicken, je nachdem ist einem nach der Inkarnation der Seele in den Leib und der Rückkehr auf die Erde ein unterschiedlich intensives Leben beschieden. Wer lange und intensiv beim Schönen weilte, wessen Seelengefieder gut genährt und gestärkt wurde, wird sich im Leben immer wieder an das Schöne erinnern. Er wird genügend Kraft haben, um immer wieder die schönen Dinge des Lebens zu sehen und die Orte der Schönheit aufzusuchen. Die Intensität, mit der damals das Schöne geschaut wurde, bestimmt, wer man wird und als was man inkarniert. Es gibt eine eindeutige Korrelation zwischen damaliger Schönheitsschau und erfolgter Inkarnation. Aus der am intensivsten geschaut habenden Seele wird, wie kann es anders sein, ein Philosoph, „ein Freund der Weisheit oder des Schönen werden", oder „ein den Musen und der Liebe Dienender" (Platon, 2006a, S. 569). Die Seele, die am zweitlängsten in die Schönheit blickte, wird in den Körper eines „verfassungsmäßigen Königs" oder eines „Herrschers" eingehen. Die Seele, die Platz drei errungen hat, wird ein „Staatsmann" werden, ein „Hauswesen regieren" oder ein „gewerbetreibendes Leben" führen. Platz vier bis neun des platonischen Kasten- und Inkarnationssystems teilen sich folgend auf: Platz vier, Ärzte und Physiotherapeuten; Platz fünf, Wahrsager und Geheimnishüter; Platz sechs, Dichter, Künstler und Handwerker; der siebent-intensivste Schauer wird ein ländliches oder handarbeitendes Leben führen; wer Platz acht erreicht hat, wird ein Sophist werden oder ein „volksschmeichelndes" Leben führen, somit eine verlogene Existenz sein, und auf Platz neun finden sich die Tyrannen. Wer als Freund der Weisheit geboren wurde und Zeit seines Lebens der Sophia nachgeht, und es schafft, drei Leben hindurch Philosoph, Freund der Musen und der Schönheit zu bleiben, hat nach Platon gute Chancen, bereits nach dreitausend Jahren wieder an den Ort zurückzukehren, an den ihn die damalige Wagenfahrt gebracht hat. Jenseits des Seins, an den Ort des ewig Schönen, Wahren und Guten. Der Rest der Ideenschauer und nicht als Philosophen Inkarnierten hat diese Möglichkeit erst nach zehntausend Jahren. Damit ist zumindest aus platonischer Perspektive klar, dass es im Leben um das rechte Verhältnis und den richtigen Umgang mit den Musen und der Schönheit geht. Um was es im Leben wirklich geht oder ging, das weiß man vielleicht erst dann, wenn man unmittelbar an der Schwelle zwischen Tod und Leben steht, im Augenblick des Sterbens, wenn man gerade noch lebend ist und fast schon tot. Diejenigen, die mit einem Fuß bereits im Jenseits standen und durch ein medizinisches Wunder oder ein anderes Glück gerettet wurden, berichten von dieser Schwellenerfahrung, dass ihnen ihr ganzes Leben wie ein Film abgelaufen sei und die meisten sprechen davon, dass es ein wunderbares Gefühl war, ihr Leben in Zeitlupe oder Zeitraffer noch einmal zu sehen. Von dieser Erfahrung berichtet z. B. Lester Burnham. Am Ende des Spielfilms American Beauty (1999), der von der Hauptfigur, Lester Burnham selbst, post mortem erzählt wird, sagt Lester, der am Schluss des Streifens erschossen wird und tot in einer Blutlache liegt, dass man oft hört, wie einem in der Sekunde bevor man stirbt sein ganzes Leben vor den Augen abläuft. Diese Sekunde ist eigentlich gar keine Sekunde, da man sich im Modus einer anderen Zeitlichkeit, bereits nahe an der Ewigkeit befindet. Und es ist bekannt, dass die Zeit, so wie wir sie wahrnehmen, ohne unsere Wahrnehmung nichts anderes ist als das Ticken der Ewigkeit. Das bestätigt Lester, der es wissen muss, da er es schließlich erfahren hat, auch wenn er sich nicht in philosophischen Begriffen ausdrückt. Die Sekunde zieht sich ewig hin, wie ein Meer aus Zeit. Was sieht man in diesem ewigen Augenblick? Lester sieht, wie er im Pfadfinderlager auf dem Rücken lag und Sternschnuppen beobachtete und wie gelbes Laub von den Ahornbäumen fiel, die seine Straße säumten, oder die Hände seiner Großmutter und wie ihre Haut wie Papier wirkte, und das erste Mal, als er den brandneuen Firebird seines Cousins Toni bestaunte, und Jane, seine Tochter, als kleines Kind und als Teenager und Carolyn, seine Frau. Eigentlich könnte Lester ziemlich sauer darüber sein, was ihm widerfahren ist, er wurde schließlich in der Hälfte seines Lebens, mit 41 Jahren, in der Vorjugend, wie man diesen Lebensabschnitt eigentlich bezeichnen muss, durch einen Kopfschuss abberufen.

Doch Lester ist nicht sauer, im Gegenteil. Was empfindet er in diesem ewigen Augenblick? Es fällt ihm schwer, wütend zu bleiben, angesichts der Tatsache, dass es so viel Schönheit in der Welt gibt, die ihm offensichtlich durch die Erinnerung an all das, was war, wieder in den Sinn gekommen ist. Manchmal hat er das Gefühl, all die Schönheit auf einmal zu sehen, doch das ist ihm fast zu viel, sein Herz fühlt sich dann an wie ein Ballon, der kurz davor ist zu platzen, und dann geht ihm durch den Kopf, er sollte sich entspannen und aufhören zu versuchen, die Schönheit festzuhalten. Dann durchfließt sie ihn wie Regen und er kann nichts empfinden außer Dankbarkeit, Dankbarkeit für jeden einzelnen Moment seines einfachen, kleinen Lebens, wie er sagt. Dass die Erfahrung des Todes oder des Sterbens sowohl die Erfahrung der Schönheit als auch die Erfahrung der Dankbarkeit inkludiert, scheint im Wesen des Todes und im Wesen der Schönheit zu liegen. In der Erfahrung der Schönheit werden wir so vor die erscheinenden Dinge gebracht, dass die Erkenntnis aufleuchtet: Die Dinge selbst sind in sich etwas, sie sind reich und sinnvoll, nicht erst weil sie uns, uns Menschen erscheinen, sondern weil die Dinge selbst in sich schön sind, weil sie singen und einfach die Dinge sind. In der Erfahrung der Schönheit erfahren wir, dass die Dinge leben und in sich rein sind. Auf diese Erfahrung antworten wir staunend und mit Dankbarkeit, wie Günther Pöltner in seiner wunderbaren „Philosophischen Ästhetik", in einem gewissen Naheverhältnis zu Heidegger argumentiert. „Auch die ursprüngliche Erfahrung mit Schönem macht uns dankbar. Sie stimmt uns nicht für dieses oder jenes dankbar, sondern dafür, Schönes erfahren zu haben, und überhaupt dasein zu können. Das Seinkönnen selbst zeigt sich als kostbares Gut – deshalb ist es schön, sein zu können. Schönheit stimmt uns dankbar für das Daseinkönnen, dafür, dass wir überhaupt sein können. Diese Dankbarkeit unterscheidet sich von der gewöhnlichen, an jemand gerichteten Dankbarkeit durch ihre Namenlosigkeit und ihre ontologische Erschließungsfunktion. Zwar ist auch sie ein Antwortphänomen, aber sie ist weder auf jemand bestimmten gerichtet noch antwortet sie auf eine bestimmte Wohltat – gilt sie doch dem Seinkönnen selbst. Eben hierin liegt die ontologische Bedeutung dieser Gestimmtheit: In Gestalt der namenlosen Dankbarkeit erschließt sich das Seinkönnen als Gegebensein. Die Dankbarkeit entspricht einem Geben, dessen Woher sich zugunsten der Gabe – der Gabe des Seinkönnens – verbirgt. Zu sein, das gibt die ursprüngliche Erfahrung mit Schönem zu denken, besagt gegeben sein. Wer dessen inne geworden ist, kann noch danken für das Dankenkönnen." (G. Pöltner 2008, S. 254)

In der Erfahrung der Schönheit lichtet sich das Sein der Dinge, es lichtet sich, dass die Dinge ein Sein haben und dass das Sein ist. Das Schöne erinnert daran. Reconnaissance heißt Dankbarkeit und Wiedererinnerung. Dass diese Erfahrung dann am intensivsten ist, wenn das Sein der Dinge sich zu verabschieden beginnt, liegt im Wesen von Sein und Nichts. Durch das Verschwinden und Vergehen, durch den Abschied und Entzug einer Sache wird man unter Umständen erst aufmerksam auf die eigentliche Bedeutung, den Wert und den Reichtum, den etwas hat. Das Sein der Dinge hält sich zumeist im Modus des Unscheinbaren, erst wenn das Sein einer Sache bedroht oder im Begriff zu verschwinden ist, meldet es sich in die Anwesenheit. Heidegger hat das in „Sein und Zeit" u. a. am Beispiel des Seinsbereichs der „Zuhandenheit" gezeigt. Weitere Beispiele wären die Gesundheit oder der Verlust eines geliebten Wesens. Zumeist halten sich die Dinge der unmittelbar zuhandenen Lebenswelt, die Gebrauchsdinge im Modus der Unauffälligkeit. Erst wenn das eingeschaltete Licht zu flackern oder die Neonröhre zu surren beginnt, wird man auf das Sein des Lichtes aufmerksam, davor hält es sich im Modus der Unauffälligkeit. Ähnlich beim Körper bzw. beim Leib. Man merkt sein Herz erst, wenn es angesichts eines Dates vor Aufregung klopft oder wenn es krankhafterweise aus dem Rhythmus gerät. Leider merken viele Menschen oft erst nach dem Ende einer Beziehung, was sie am anderen eigentlich für einen Schatz hatten. Das Sein der Dinge hält sich meistens im Modus der Unscheinbarkeit. Erst im Modus des Entzugs, der Negation melden sich die Dinge bewusst in die Aufmerksamkeit, oder ontologisch positiv zeigen sie sich als Dinge in der Erfahrung der Schönheit. In der Erfahrung des Todes scheinen sich diese beiden Momente zu verbinden. Das Leben verabschiedet sich, daher leuchtet das Leben und das Sein der Dinge, das Sein des eigenen Lebens auf und, wenn wir Lester Glauben schenken, dann ist das auch das Aufleuchten der schönen Dinge, die gewesen sind. Zum Abschied winken die schönen Begebenheiten, die gewesen sind. Das erschließt dann Dankbarkeit für das, was war. Vor die Möglichkeit des Todes gebracht, erschließt sich einem dann, dass das Leben auch ein Spiel war. Ein schönes Spiel. Denn das volle Wesen des Spiels zeigt sich einem wahrscheinlich erst vom Ende und vom Abgrund her.

„Läßt sich das Wesen des Spiels sachgemäß vom Sein als Grund her bestimmen, oder müssen wir Sein und Grund, Sein als Ab-Grund aus dem Wesen des Spiels her denken und zwar des Spiels, in das wir Sterbliche gebracht sind, die wir nur sind, indem wir in der Nähe des Todes wohnen, der als äußerste Möglichkeit des Daseins das Höchste an Lichtung des Seins und seiner Wahrheit vermag? Der Tod ist die noch ungedachte Maßgabe des Unermesslichen, d. h. des höchsten Spiels, in das der Mensch irdisch gebracht, auf das er gesetzt ist." (M. Heidegger 1992, S. 186 f.) Über den Tod und das Sterben ließe sich noch vieles sagen, entscheidend ist nur, dass man beim Sterben dabei ist, denn sonst würde einem unter Umständen eine großartige Erfahrung entgehen. Die meisten Menschen haben dazu eher die Haltung, die Woody Allen einmal ironisch zum Ausdruck brachte: „Ich habe nichts dagegen zu sterben. Ich will nur nicht dabei sein, wenn's passiert." Menschen, die vor dem Sterben und vor dem Tod Angst haben, kann man vielleicht auch mit Epikur trösten, der auf die vielen grausamen Geschichten, die man sich in der Antike über das Jenseits erzählte, von furchtbaren Höllenqualen, man denke nur an das Schicksaal des Sisyphos, des Tantalos oder der Danaiden, die allesamt in Ewigkeit dazu verdammt waren, sinnlos quälende Tätigkeiten und Aktionen zu verrichten, der Angesicht der Panikmache von jenseitigen Strafen beruhigend zu antworten versuchte und als Anxiolytikum vor dem Tod das Argument ins Treffen führte, dass solange wir sind, der Tod nicht ist, und wenn der Tod ist, wir nicht mehr seien, also bräuchte man sich auch nicht vor dem Sterben zu fürchten. (vgl. Epikur 2004, S. 204) So wie das Leben eine Kunst ist, ist es wahrscheinlich auch das Sterben. Wer aus seinem Leben eine ars vivendi machte, darf vielleicht darauf hoffen, dass aus seiner Sterbensstunde eine ars moriendi wird. Im Mittelalter soll es einen Spruch gegeben haben, den sich die Menschen gerne gegenseitig sagten, und den viele Dichter variierten und aufnahmen. Ein Spruch, der die Bedingung, unter der den Lebenden das Leben gegeben ist, und insbesondere das Leben des Homo ludens, des Menschen, der sein Leben spielerisch leicht nimmt, gut beschreibt: „Ich bin, ich weiß nicht wer, ich komm, weiß nicht woher, ich geh, weiß nicht wohin, mich wundert, dass ich so fröhlich bin." (vgl. G. Condrau 2003)

Hölderlin hat einmal gemeint, dass wir eigentlich ein Gespräch sind und dass wir Menschen, das vergisst man viel zu oft, einander hören können. „Viel hat von Morgen an, / Seit ein Gespräch wir sind und hören voneinander, / Erfahren der Mensch; bald sind wir aber Gesang." (F. Hölderlin 1982a, S. 166). Heidegger, Gadamer und viele andere haben hinzugefügt, dass die Philosophie eigentlich ein großes Gespräch sei. Wenn man Philosophie betreibt, dann fällt einem früher oder später auf, dass man sehr viel Zeit mit Toten verbringt und irgendwie mit ihnen spricht, indem man ihre Werke liest und ihnen zuhört, was sie zu sagen haben. Dann stellt sich einem früher oder später auch die Frage, in welchem Sinn die Toten eigentlich tot sind. Bei Rilke gibt es die Idee, dass es kein Jenseits und kein Diesseits gibt, sondern nur einen Weltinnenraum, einen gemeinsamen Raum, den sich die Toten und die Lebenden teilen. Wenn das so ist, dann gibt es Lebende, die haben einen Leib, das sind die Menschen, und Lebende, die haben keinen Leib, die nennt man traditionell die Toten. Wenn man Philosophie betreibt, dann fällt einem früher oder später auf, dass ein Gespräch mit einem gestorbenen Philosophen sehr viel lebendiger und lebensdienlicher sein kann als ein Gespräch mit einem Leibträger. Vielleicht ist es sogar so, dass man das, worum es im Leben geht, eher herausfindet, wenn man mit einem spricht, der sein Leben bereits gelebt hat. Vielleicht erfährt man die großen Geheimnisse des Lebens letztlich nur von den Toten. Uns haben die verstorbenen Philosophen, die hier zur Sprache kamen, gesagt, das Leben hat etwas mit dem Spiel zu tun. Für diese Auskunft sind wir dankbar.

Bibliografie

K. Albert (1998) Hesiod. Theogonie. Texte zur Philosophie Band 1., herausgegeben und übersetzt v. K. Albert, Academia Verlag: St. Augustin.

H. Arendt (1998) Vita activa oder Vom tätigen Leben, Piper Verlag: München 1998, 10. Auflage.

H. C. Artmann (1988) „wer dichten kann ist dichtersmann". Eine Auswahl aus dem Werk, C. Weiss u. K. Riha (Hg.), Reclam Verlag: Stuttgart.

M. Aurel (2006) Selbstbetrachtungen, in: Die Philosophie der Stoa. Ausgewählte Texte, übersetzt und herausgegeben von W. Weinkauf, Reclam Verlag: Stuttgart.

A. Augustinus (1985) Vom Gottesstaat (De Civitate Dei), Bd. 1., aus dem Lateinischen übertragen v. W. Thimme, München.

M. Aurel (2008) Selbstbetrachtungen, Übersetzt und erläutert von W. Capelle, A. Kröner Verlag: Stuttgart.

U. Baatz (1996) „Dieses Gefühl kann ich bei mir nicht entdecken." Ozeanisches Bewusstsein und Religionskritik bei Freud, Rolland und Nietzsche, in: J. Figl (Hg.), Von Nietzsche zu Freud. Übereinstimmungen und Differenzen von Denkmotiven, WUV-Universitätsverlag: Wien, S. 143–S. 163.

I. Bachmann (1997) Malina, Suhrkamp Verlag: Frankfurt am Main.

I. Bachmann (1999) Sämtliche Gedichte, Piper Verlag: München/Zürich, 2. Auflage.

G. Bataille (1993) Die Tränen des Eros, Mit einer Einführung von Lo Duca und unveröffentlichten Briefen Batailles, herausgegeben und übersetzt von G. Bergfleth, Matthes & Seitz Verlag: München.

M. Buber (1999) Ich und Du, Reclam Verlag: Stuttgart.

A. Camus (1959/1991) Der Mythos von Sisyphos. Ein Versuch über das Absurde, Rowohlt Verlag: Reinbek bei Hamburg.

P. Celan (1994) Corona, in: P. Celan, Mohn und Gedächtnis. Gedichte, Deutsche Verlags-Anstalt GmbH: Stuttgart 1994, 13. Auflage.

Cicero (2006) Über die Weissagung, in: Die Philosophie der Stoa. Ausgewählte Texte, übersetzt und herausgegeben von W. Weinkauf, Reclam Verlag: Stuttgart.

G. Condrau (2003) Ich bin, ich weiss nicht wer. Philosophische und psychotherapeutische Gedanken zu einer modernen Sinn- und Lebensforschung anhand eines mittelalterlichen Spruchs, Wolfbach Verlag: Zürich.

E. Coreth, P. Ehlen, J. Schmidt (1989) Die Philosophie des 19. Jahrhunderts, Kohlhammer Verlag: Stuttgart, 2. Auflage.

F. Decher (1999) Die Signatur der Freiheit. Ethik des Selbstmords in der abendländischen Philosophie, zu Klampen Verlag: Lüneburg.

Diotima (Briefe) in: Hölderlin, Band 2., Empedokles, Aufsätze Übersetzungen, Briefe, Insel Verlag: Frankfurt am Main 1982.

A. Ehrenberg (2008) Das erschöpfte Selbst. Depression und Gesellschaft in der Gegenwart, Übersetzt von M. Lenzen u. M. Klaus, Suhrkamp Verlag: Frankfurt am Main.

H. F. Ellenberger (1970) Die Entdeckung des Unbewußten. Geschichte und Entwicklung der dynamischen Psychiatrie von den Anfängen bis zu Janet, Freud, Adler und Jung, Diogenes Verlag: Zürich.

F. Engels (1845) Die Lage der arbeitenden Klasse in England, in: Marx Engels Werke, Band 2., Dietz: Berlin 1972.

Epiktet (2006) Handbüchlein der Moral. Griechisch/Deutsch, Übersetzt und herausgegeben von K. Steinmann, Reclam Verlag: Stuttgart.

Epikur (2004) Brief an Menoikeus, übersetzt v. O. Apelt, in: Philosophisches Lesebuch, Band I., Hans-Georg Gadamer (Hg.), S. Fischer Verlag: Frankfurt am Main.

L. Feuerbach (1841) Das Wesen des Christentums, in: L. Feuerbach, Gesammelte Werke Band 5., W. Schuffenhauer (Hg.), Akademie Verlag: Berlin 1974.

V. E. Frankl (1998) Ärztliche Seelsorge. Grundlagen der Logotherapie und Existenzanalyse, Fischer Verlag: Frankfurt am Main, 7. Auflage.

S. Freud (1905) Der Witz und seine Beziehung zum Unbewußten, in: S. Freud, Gesammelte Werke Band VI., Fischer Verlag: Frankfurt am Main 2009.

S. Freud (1908) Der Dichter und das Phantasieren, in: S. Freud, Bildende Kunst und Literatur, Studienausgabe Band X., A. Mitscherlich u. a. (Hg.), S. Fischer Verlag: Frankfurt am Main 2001, 12. Auflage.

S. Freud (1927) Die Zukunft einer Illusion, in: S. Freud, Fragen der Gesellschaft. Ursprünge der Religion, Studienausgabe Band IX., A. Mitscherlich u. a. (Hg.), S. Fischer Verlag: Frankfurt am Main 1994.

S. Freud (1929/1930) Das Unbehagen in der Kultur, in: S. Freud, Fragen der Gesellschaft. Ursprünge der Religion, A. Mitscherlich u. a. (Hg.), Studienausgabe Band IX., S. Fischer Verlag: Frankfurt am Main 1994.

S. Freud (1950) Aus den Anfängen der Psychoanalyse. Briefe an Wilhelm Fließ, S. Fischer Verlag: Frankfurt am Main 1986.

H.-G. Gadamer (1965) Wahrheit und Methode. Grundzüge einer philosophischen Hermeneutik. J.C.B. Mohr (Paul Siebeck): Tübingen, 2. Auflage.

H.-G. Gadamer (1977) Das Spiel der Kunst, in: H.-G. Gadamer, Gesammelte Werke, Band 8., Ästhetik und Poetik I, J.C.B. Mohr (Paul Siebeck): Tübingen 1993.

F. E. von Gebsattel (1948) Zur Psychopathologie der Sucht, Studium Generale, 1, S. 258–S. 265.

F. E. von Gebsattel (1954) Prolegomena einer medizinischen Anthropologie, Springer Verlag: Berlin.

J. W. Goethe (1962) Dichtung und Wahrheit, 13. Buch, in: L. Binswanger, Grundformen und Erkenntnis menschlichen Daseins, Ernst Reihnardt Verlag: München/Basel 1962, 3. Auflage.

J. W. Goethe (1991) in: Homo Ludens. Der spielende Mensch I. Internationale Beiträge des Institutes für Spielforschung und Spielpädagogik an der Hochschule „Mozarteum" Salzburg, Günther G. Bauer (Hg.), Musikverlag Emil Katzbichler: München/Salzburg 1991, S. 9 – das Zitat stamme aus Goethes Naturwissenschaftlichen Schriften.

J. W. Goethe (2008) in: Rainer H. Holm-Hadulla, Leidenschaft. Goethes Weg zur Kreativität. Eine Psychobiographie, Vandenhoeck & Ruprecht: Göttingen.

B.-C. Han (2010) Müdigkeitsgesellschaft, Matthes & Seitz, Berlin: 2011, Fünfte Auflage.

G. F. W. Hegel (1988) Phänomenologie des Geistes, Felix Meiner Verlag: Hamburg, S. 127– S. 139.

M. Heidegger (1927) Sein und Zeit, Max Niemeyer Verlag: Tübingen 1993, 17. Auflage.

M. Heidegger (1928/29) Einleitung in die Philosophie, Gesamtausgabe Bd. 27, Vittorio Klostermann Verlag: Frankfurt am Main 1996.

M. Heidegger (1944/45) Feldweg-Gespräche, Gesamtausgabe Bd. 77, Vittorio Klostermann Verlag: Frankfurt am Main 1995.

M. Heidegger (1946) Wozu Dichter?, in: M. Heidegger, Holzwege, Vittorio Klostermann Verlag: Frankfurt am Main 1994.

M. Heidegger (1946a) Brief über den Humanismus, in: M. Heidegger, Wegmarken, Vittorio Klostermann Verlag: Frankfurt am Main 1996, 3. Auflage.

M. Heidegger (1952) Was heißt Denken? Max Niemeyer Verlag: Tübingen 1984.

M. Heidegger (1967) Phänomenologie und Theologie, Beilage zu den Hinweisen, in: M. Heidegger, Wegmarken, Vittorio Klostermann Verlag: Frankfurt am Main 1996, 3. Auflage.

M. Heidegger (1989) Der Wille zur Macht als Kunst, in: M. Heidegger, Nietzsche Band 1., Verlag Günther Neske: Pfullingen, 5. Auflage.

M. Heidegger (1992) Der Satz vom Grund, Verlag Günther Neske: Pfullingen, 7. Auflage.

Heraklit (DK 22 B 52) Die Vorsokratiker I. Griechisch/Deutsch, Auswahl der Fragmente, Übersetzung und Erläuterung von J. Mansfeld, Relcam Verlag: Stuttgart 1991.

Heraklit (DK 22 B 30) Die Vorsokratiker I. Griechisch/Deutsch, Auswahl der Fragmente, Übersetzung und Erläuterung von J. Mansfeld, Relcam Verlag: Stuttgart 1991.

Hesiod (1998) in: K. Albert, Hesiod. Theogonie. Texte zur Philosophie Band 1., herausgegeben und übersetzt v. K. Albert, Academia Verlag: St. Augustin 1998.

P. T. d'Holbach (1978) System der Natur oder von den Gesetzen der physischen und der moralischen Welt, übersetzt von F. G. Voigt, Frankfurt am Main.

A. Honneth (2005) Verdinglichung, Suhrkamp Verlag: Frankfurt am Main.

M. Horkheimer u. Th. W. Adorno (1969) Dialektik der Aufklärung. Philosophische Fragmente, Fischer Verlag: Frankfurt am Main.

F. Hölderlin (1796) Brief an Neuffer, in: Hölderlin, Band 2., Empedokles, Aufsätze Übersetzungen, Briefe, Insel Verlag: Frankfurt am Main 1982.

F. Hölderlin (1981) Hyperion, in: P. Bertaux, Friedrich Hölderlin, Suhrkamp Verlag: Frankfurt am Main.

F. Hölderlin (1982) Brief an Susette Gontard, in: Hölderlin, Band 2., Empedokles. Aufsätze. Übersetzungen. Briefe, Insel Verlag: Frankfurt am Main.

F. Hölderlin (1982a) Friedensfeier, in: Hölderlin, Band 1., Gedichte. Hyperion, Insel Verlag: Frankfurt am Main.

F. Hölderlin (1982b) An die Parzen, in: Hölderlin, Band 1., Gedichte. Hyperion, Insel Verlag: Frankfurt am Main.

F. Hölderlin (1982c) Hälfte des Lebens, in: Hölderlin, Band 1., Gedichte. Hyperion, Insel Verlag: Frankfurt am Main.

J. Huizinga (1938) Homo Ludens. Vom Ursprung der Kultur im Spiel, Übers. v. H. Nachod, Rowohlt Taschenbuch Verlag: Reinbek bei Hamburg 2006, 20. Auflage.

D. Hume (1984) Die Naturgeschichte der Religionen. Über Aberglauben und Schwärmerei. Über die Unsterblichkeit der Seele. Über Selbstmord, übersetzt und herausgegeben von L. Kreimendahl, Hamburg.

K. Jaspers (2008) Von der Weite des Denkens. Eine Auswahl aus seinem Werk, Hans Saner (Hg.), Piper Verlag: München/Zürich, S. 11–S. 16.

I. Kant (1781) Kritik der reinen Vernunft 1, Werkausgabe Band III., W. Weischedel (Hg.), Suhrkamp Verlag: Frankfurt am Main, 1992, 12. Auflage.

I. Kant (1790) Kritik der Urteilskraft, Werkausgabe Band X., W. Weischedel (Hg.), Suhrkamp Verlag: Frankfurt am Main, 1996, 14. Auflage.

H. Kleist (1996) Über das Marionettentheater, in: H. Kleist, Der Zwiekampf. Die heilige Cäcilie. Sämtliche Anekdoten. Über das Marionettentheater und andere Prosa, Reclam Verlag: Stuttgart.

M. Köhlmeier (2000) Sagen des klassischen Altertums, Piper Verlag: München/Zürich.

Ch. Lavant (1996) Die Schöne im Mohnkleid, Otto Müller Verlag: Salzburg/Wien.

G. Lukács (1920) Die Theorie des Romans. Ein geschichtsphilosophischer Versuch über die Formen der großen Epik, Luchterhand Verlag: Neuwied/Berlin 1971, S. 32, S. 52, S. 61.

H. Marcuse (1979) Schriften Band 5., Triebstruktur und Gesellschaft, Suhrkamp Verlag: Frankfurt am Main.

K. Marx (1843/44) Zur Kritik der Hegelschen Rechtsphilosophie, in: K. Marx, Die Frühschriften, S. Landshut (Hg.), Kröner Verlag: Stuttgart 1971.

K. Marx (1844) Ökonomisch-philosophische Manuskripte, in: Karl Marx, Friedrich Engels, Werke, Ergänzungsband, Schriften, Manuskripte, Briefe bis 1844, Erster Teil, Dietz Verlag: Berlin 1969.

K. Marx u. F. Engels (1848) Manifest der Kommunistischen Partei, Reclam Verlag: Stuttgart 1993.

K. Marx bei F. Engels (1882/1890) Der einzige erhaltene Hinweis auf diese Aussage von Marx findet sich in einem Brief von Engels an Eduard Bernstein vom 2.-3. November 1882, vgl. Marx Engels Werke 35, S. 388 und in abgeänderter Form in einem weiteren Brief an Conrad Schmidt vom 5. August 1890, vgl. Marx Engels Werke 37, S. 436 ; Version an Bernstein: „Ce qu'il y a de certain c'est que moi, je ne suis pas Marxiste." „Eines ist sicher (was mich betrifft), ich bin kein Marxist."; Version an Schmidt: „Tout ce que je sais, c'est que je ne suis pas Marxiste." „Alles, was ich weiß, ist, dass ich kein Marxist bin." Quelle: Wikipedia, Marxismus, Anm. 2. (überprüft am 18.4.2011).

W. Menninghaus (2005) Hälfte des Lebens. Versuch über Hölderlins Poetik, Suhrkamp Verlag: Frankfurt am Main.

W. Menninghaus (2007) Das Versprechen der Schönheit, Suhrkamp Verlag: Frankfurt am Main.

F. Nietzsche (1880/1882) Nachgelassene Fragmente 1880–1882, in: F. Nietzsche, Kritische Studienausgabe Band 9., G. Colli u. M. Monitnari (Hg.), DTV de Gruyter: Berlin/New York 1980, S. 11 (197).

F. Nietzsche (1886) Die fröhliche Wissenschaft. Alfred Kröner Verlag: Stuttgart 1986, 7. Auflage.

F. Nietzsche (1888) Götzendämmerung oder Wie man mit dem Hammer philosophiert, Insel Verlag: Frankfurt am Main 1985.

F. Nietzsche (1908) Ecce Homo, in: F. Nietzsche, Kritische Studienausgabe Band 6., G. Colli u. M. Montinari (Hg.), DTV de Gruyter: Berlin/New York.

F. Nietzsche (1977) in: H.-G. Gadamer, Das Spiel der Kunst, In: H.-G. Gadamer, Gesammelte Werke, Band 8., Ästhetik und Poetik I, J.C.B. Mohr (Paul Siebeck): Tübingen 1993.

F. Nietzsche (1980) Nachgelassene Fragmente 1887–1889, in: F. Nietzsche, Kritische Studienausgabe Band 13., G. Colli u. M. Monitnari (Hg.), DTV de Gruyter: Berlin/New York.

F. Nietzsche (1988) Der Antichrist, in: F. Nietzsche, Kritische Studienausgabe Band 6., G. Colli u. M. Montinari (Hg.), DTV de Gruyter: Berlin/New York.

F. Nietzsche (1989) in: M. Heidegger, Nietzsche Band 1., Der Wille zur Macht als Kunst, Verlag Günther Neske: Pfullingen, 5. Auflage.

F. Nietzsche (1993) Zur Genealogie der Moral, Reclam Verlag: Stuttgart.

F. Nietzsche (1993a) Jenseits von Gut und Böse, Reclam Verlag: Stuttgart.

F. Nietzsche (1994) Gedichte, R. Kray u. K. Riha (Hg.), Insel Verlag: Frankfurt am Main u. Leipzig.

F. Nietzsche (2004) Die Geburt der Tragödie, Reclam Verlag: Stuttgart.

F. Nietzsche (2007) In: Friedrich Nietzsche. Von Wille und Macht, S. Günzel (Hg.), Insel Verlag: Frankfurt am Main.

R. Pfaller (2002) Die Illusionen der anderen. Über das Lustprinzip in der Kultur, Edition Suhrkamp: Frankfurt am Main.

R. Pfaller (2011) Wofür es sich zu leben lohnt. Elemente materialistischer Philosophie, S. Fischer: Frankfurt am Main, S. 219–S. 243.

Platon (1994) Phaidros oder Vom Schönen, Übertragen und eingeleitet von K. Hildebrandt, Reclam Verlag: Stuttgart.

Platon (1998) Das Gastmahl oder Von der Liebe, übertragen und eingeleitet von K. Hildebrandt, Reclam Verlag: Stuttgart.

Platon (1994) Nomoi 803 c, in: Platon, Sämtliche Werke Band 4, U. Wolf (Hg.), übersetzt von H. Müller u. F. Schleiermacher, Rowohlt Verlag: Reinbek bei Hamburg.

Platon (2004) Gorgias 492e–493a, in: Platon, Sämtliche Werke Band 1., U. Wolf (Hg.), übersetzt von F. Schleiermacher, Rowohlt Verlag: Reinbek bei Hamburg, 29. Auflage.

Platon (2006) Das Gastmahl, in: Mythos Orpheus. Texte von Vergil bis Ingeborg Bachmann, W. Storch (Hg.), Reclam Verlag: Leipzig 2006, 4. Auflage.

Platon (2006a) Phaidros 244a–245a, in: Platon, Sämtliche Werke Band 2., B. König (Hg.), übersetzt von F. Schleiermacher, Rowohlt Verlag: Reinbek bei Hamburg, 31. Auflage.

M. Pohlenz (1992) Die Stoa. Geschichte einer geistigen Bewegung, Vandenhoeck & Ruprecht: Göttingen 1992, 7. Auflage.

M. Poltrum (2005) Schönheit und Sein bei Heidegger, Passagen Verlag: Wien.

M. Poltrum (2007) Ästhetik und Anästhetik. Das Schöne als Therapetuikum, in: psycho-logik. Jahrbuch für Psychotherapie, Philosophie und Kultur, R. Kühn u. K. H. Witte (Hg.), Verlag Karl Alber: Freiburg / München, S. 255–S. 270.

M. Poltrum (2010) Klinische Philosophie. Logos Ästhetikus und Philosophische Therapeutik, Parodos Verlag: Berlin.

M. Poltrum (2011) Eutopie, Dystopie, Kolonie. Utopisches Denken in der Psychotherapie, in: Ars Medica. Zu einer neuen Ästhetik in der Medizin, M. Musalek u. M. Poltrum (Hg.), Parodos Verlag: Berlin.

G. Pöltner (2002) Grundkurs Medizin-Ethik, Facultas Verlag: Wien.

G. Pöltner (2008) Philosophische Ästhetik, Grundkurs Philosophie, Band 16., Kohlhammer Verlag: Stuttgart.

O. Pöggeler (1960) Schopenhauer und das Wesen der Kunst, in: Zeitschrift für Philosophische Forschung 14, S. 353–S. 389.

H. Rahner (2008) Der spielende Mensch, Johannes Verlag: Einsiedeln.

A.-B. Renger (1999) Mythos Narziß. Texte von Ovid bis Jacques Lacan, Reclam Verlag: Leipzig.

R. M. Rilke (1922) Die Sonette an Orpheus, in: R. M. Rilke, Die Gedichte, Insel Verlag: Frankfurt am Main 1996, S. 676, 8. Auflage

R. M. Rilke (1996) Duineser Elegien. Erste Elegie. in: R. M. Rilke, Die Gedichte, Insel Verlag: Frankfurt am Main 1996, 8. Auflage.

R. Safranski (2004) Schiller oder Die Erfindung des Deutschen Idealismus, Carl Hanser Verlag: München / Wien.

R. Safranski (2006 / 2007) Nietzsche. Biographie seines Denkens, Spiegel-Verlag: Hamburg.

J. P. Sartre (1952) Das Sein und das Nichts. Versuch einer phänomenologischen Ontologie, T. König (Hg.), übersetzt von H. Schöneberg und T. König, Rowohlt Verlag: Hamburg 1993.

H. Saner (1999) Über Liebe, Tod und Musik im Orpheus-Mythus, in: A. Hicklin (Hg.), Daseinsanalyse, Phänomenologische Anthropologie und Psychotherapie, Festschrift Prof. Dr. med. et. Phil. Gion Condrau zum 80. Geburtstag gewidmet, Sonderausgabe von Band 15., Erlenbach, S. 81–S. 90.

H. Saner (2000) Der Schatten des Orpheus, Lenos Verlag: Basel.

M. Scheler (1915) Zum Phänomen des Tragischen, in: Klassische Texte zur Tragik, U. Heuner (Hg.), Parodos Verlag: Berlin 2006.

F. W. J. Schelling (1800) System des transzendentalen Idealismus, in: F. W. J. Schelling. Texte zur Philosophie der Kunst, W. Beierwaltes (Hg.), Reclam: Stuttgart 1991.

F. Schiller (1795) Über die ästhetische Erziehung des Menschen in einer Reihe von Briefen, Reclam Verlag: Stuttgart 1997.

F. Schiller (2004) Sämtliche Werke in 5 Bänden, Band V., Carl Hanser Verlag: München / Wien.

F. Schlegel (1795) Studien des klassischen Altertums, Über die Diotima, in: Kritische Friedrich-Schlegel-Ausgabe, Erste Abteilung, Band 1., E. Behler (Hg.), Ferdinand Schöningh: Paderborn / München / Wien / Zürich.

U. Schnabel (2010) Die Vermessung des Glaubens. Forscher ergründen, wie der Glaube entsteht und warum er Berge versetzt, Pantheon Verlag: München.

A. Schopenhauer (1844) Die Welt als Wille und Vorstellung, Züricher Ausgabe, Werke in zehn Bänden. Band IV. Diogenes: Zürich 1977, S. 445–S. 476.

A. Schopenhauer (2002) Die Welt als Wille und Vorstellung, Gesamtausgabe, München, 2. Auflage.

Seneca (1993) Lucius Annaeus Seneca, Briefe an Lucilius, Brief Nr. 70, 15, in: Seneca, Philosophische Schriften, übersetzt v. O. Apelt, Felix Meiner Verlag: Hamburg.

Seneca (2006) Die Notwendigkeit der Philosophie, in: Die Philosophie der Stoa. Ausgewählte Texte, Übersetzt und herausgegeben von W. Weinkauf, Reclam Verlag: Stuttgart.

G. Simmel (1993) Nietzsche und Kant, in: Georg Simmel, Gesamtausgabe, O. Rammstedt (Hg.), Gesamtausgabe Band 8., Aufsätze und Abhandlungen 1901–1908 Bd. 2., Hg. v. A. Cavalli u. V. Krech, Suhrkamp Verlag: Frankfurt am Main.

P. Sloterdijk (1988) Zur Welt kommen – Zur Sprache kommen. Frankfurter Vorlesungen, Edition Suhrkamp: Frankfurt am Main.

V. Spierling (1992) Kleine Geschichte der Philosophie. 50 Porträts von der Antike bis zur Gegenwart, Piper Verlag: München/Zürich.

W. Storch (2006) Mythos Orpheus, Texte von Vergil bis Ingeborg Bachmann, Reclam Verlag: Leipzig.

P. Szondi (1961) Versuch über das Tragische, Insel-Verlag: Frankfurt am Main.

Thomas (2008) In: H. Rahner, Der spielende Mensch, Johannes Verlag: Einsiedeln 2008.

H. D. Thoreau (1854), Walden oder Leben in den Wäldern, Übers. v. E. Emmrich u. T. Fischer, Diogenes: Zürich 1971.

W. J. Verdenius (1972) Notes on the Proem of Hesiod's Theogony, in: Mnemosyse (25). A Journal of Classical Studies (1972), S. 225–S. 260.

I. Vogt (1982) Alkoholismus, Industrialisierung und Klassenkonflikte, in: Rausch und Realität. Drogen im Kulturvergleich, Band 1., G. Völger u. K. Welck (Hg.), Rowohlt Verlag: Reinbek bei Hamburg.

P. Weibel (2002) Lebenssehnsucht und Sucht, Merve Verlag: Berlin.

A. K. Wucherer-Huldenfeld (1994) Marx und Freud: Zur Problematik der Struktur des Atheismus innerhalb ihrer Religionskritiken, in: A. K. Wucherer Huldenfeld, Ursprüngliche Erfahrung und personales Sein. Ausgewählte philosophische Studien, Böhlau Verlag: Wien/Köln/Weimar.

W. Wunderlich (2007) Mythos Sirenen, Texte von Homer bis Dieter Wellershoff, W. Wunderlich (Hg.), Reclam Verlag: Stuttgart.

Xenophanes (DK 21 B 15) Die Vorsokratiker I. Griechisch/Deutsch, Auswahl der Fragmente, Übersetzung und Erläuterung von J. Mansfeld, Relcam Verlag: Stuttgart 1991.

Xenophanes (DK 21 B 16) Die Vorsokratiker I. Griechisch/Deutsch, Auswahl der Fragmente, Übersetzung und Erläuterung von J. Mansfeld, Relcam Verlag: Stuttgart 1991.

S. Žižek (2008) Ich-Ideal und Über-Ich: Lacan als Zuschauer von Casablanca, in: S. Žižek, Lacan. Eine Einführung, Fischer Verlag: Frankfurt am Main.

**176 Seiten, ISBN 978-3-89967-797-3,
Preis: 15,- €**

PABST SCIENCE PUBLISHERS
Eichengrund 28
D-49525 Lengerich
Tel. + + 49 (0) 5484-308
Fax + + 49 (0) 5484-550
pabst.publishers@t-online.de
www.psychologie-aktuell.com
www.pabst-publishers.de

Reinhold Aßfalg

Über das Glück – und wie wir es verhindern können

Neun Strategien zur Förderung des Unglücks

Alle Menschen suchen das Glück, – sagt man. Doch stimmt das auch? Geht es uns wirklich um das Glück? Vielleicht ist diese Aussage, auch wenn sie uns noch so plausibel erscheint, falsch.

Wir reden und träumen vom Glück, aber wenn es auch nur ansatzweise da ist, schauen wir weg. Wir wissen, was wir tun müssten, um ein bisschen glücklicher zu sein, aber wir tun das Gegenteil, um dem Glück ja nicht auf den Leim zu gehen. Das Glück ist eine Verheißung, aber im Unglück kennen wir uns aus.

Beschrieben werden neun bewährte Strategien zur Förderung des Unglücks; auch wenn die Vor- und Nachteile der einzelnen Strategien und ihre möglichen Nebenwirkungen abzuwägen sind, empfehlen sich die entsprechenden Ratschläge unbedingt der Beherzigung.